GAME THEORY

賽局理論

日常的諾貝爾經濟學理論

每個人都在想著怎麼贏你！

夫妻吵架、買賣殺價、家事分配、晚餐選哪家餐廳、打牌要不要故意放炮給丈母娘……
猜測對方的下一步，做出對自己最有利的決定

想要在現代社會做一個有文化的人，就要瞭解賽局理論！
——諾貝爾經濟學獎得主 **保羅．薩繆森**Paul Samuelson

徐文

前言

「賽局」一詞聽起來玄而又玄，簡單來說，就是「遊戲」的意思。更準確的說，就是有輸有贏的遊戲。可以說，賽局論是透過「玩遊戲」而獲得人生競爭知識的理論。生活中，每個人都是棋手，人們的每個行為就像在一張看不見的棋盤上布一個子，慎重而精明的棋手們相互猜測又互相牽制，下出許多精彩紛呈而變化多端的棋局。賽局論就是研究棋手們「出棋」招數中理性化和邏輯化的部分，並且將其系統化為一門科學。也可以說，賽局論就是研究個體如何在錯綜複雜的相互影響中得出最合理的策略。

事實上，賽局論正是衍生於古老的遊戲，或是稱賽局為西洋棋或撲克。賽局論原意為遊戲理論，人際關係的互動、球賽或麻將的出招、股市的投資，都可以用賽局論巧妙的解釋，可以說：紅塵俗世，莫不賽局。

賽局源自生活，它是樸實生活中所凝結的智慧，用它來指導生活，將會給自己帶來最長遠的利益。無論是柴米油鹽醬醋茶的生活瑣事，還是戀愛、課業、工作的經歷，賽局都在其中扮演舉足輕重的角色，無論是修身齊家，還是治國平天下，賽局都在影響人們的決策和成功。每件事情都是賽局，學會賽局，會讓你的生活更精彩。

人們的一生都在尋求自己的精神家園，從對知識的無知到有知，從對事業的追求到奮鬥，從對人生的懵懂探索到理性跨越，在財富、名譽、地位的誘惑中穿行，以達到一種對人生和事業的達觀情懷，這是一個充滿痛苦和探索的幸福旅程，只有孜孜以求的人才可以達到的境界。

本書主要透過一些精彩生動而且具有現實意義的賽局案例和智力遊戲來挑戰你的智商，闡述賽局論的策略思維，介紹靜態賽局、動態賽局、納許均衡、零和賽局、雙贏對局等賽局論的基本內容，以及在生活中的具體應用。試圖讓你在這個紛繁的世界上和變幻的社會中，學會運用賽局思想，盡可能的對任何事情都應付自如，遊刃有餘。

目錄

第二章：納許均衡

納許均衡，是指在一組策略組合中，所有的參與者都面臨一種情況：其他人不改變策略的時候，他此時的策略是最好的。如果某個人單獨改變策略，他的支付就會降低。納許均衡狀態是市場力量相互作用用下賽局的一種穩定結局。

第三章：情侶賽局與智豬賽局

在任何一個賽局中，參與者採取行動的順序，對於賽局競局的結果，具有極其重要的影響。同樣的策略選擇，行動的先後順序不同，賽局的結果也會不同。尤其是在不完全資訊賽局中，後行動者往往要依賴先行動者的行動以獲取資訊，再做出相應的策略選擇。

第四章：鬥雞賽局

俗話說：「進一步冤家路窄，退一步海闊天空。」但是，在現實社會的許多賽局中，面對複雜的競局和可供選擇的策略，賽局參與者經常感到進退兩難。參與者應該進一步還是退一步，這就要求局中人隨機而變，靈活應對。

第五章：訊息對稱與不對稱

資訊的獲取、處理、傳遞，需要支付成本嗎？其答案隨著經濟學研究的層層深入和社會資訊化過程的不斷加快而完全不同。傳統經濟學認為，在社會經濟活動中，所有資訊的獲取、處理、傳遞，都是無償的，其成本可以忽略不計。

第六章：賭徒賽局

每個人都不滿足於自己的財產，促使自己有強烈的欲望想要佔有更多的財富；每個人都滿足於自己的聰明，導致自己想要運用自己的智慧去投機取巧，變「智力」為「金錢」。集兩者於一身的遊戲——賭博，就讓這些人熱衷不已。

第七章：做規則的制定者

賽局論（Game Theory）這個詞語聽起來玄而又玄，似乎高深莫測，直譯就是「遊戲理論」的意思。可以說，賽局論就是透過「玩遊戲」而獲得人生競爭策略的理論。這個理論涉及的範圍很廣：上至國家大政方針，下到一般民眾的日常瑣事，都可以用賽局論巧妙的進行解釋。

第八章：公共知識

「公共知識」的概念，最早是由美國邏輯學家路易斯提出，之後經過邏輯學家辛提卡以及賽局論專家阿曼等人的發展，現在已經成為邏輯學和賽局論等學科頻繁使用的一個概念。

GAME THEORY
賽局理論

第九章：選擇的智慧

選擇意味著放棄那些不合理的方案，同時，選擇還意味著必須接受這個選擇所將要帶來的一切結果。所以，根據亞當·斯密的「經濟人假設」理論，人在做出每個選擇之前，都會運用自己的理性思維去權衡和分析，自己將會從這個選擇中得到什麼、得到多少，同時會失去什麼、失去多少。

第十章：機率迷思

機率，又稱為概率，是用以描述某種事件在同一條件下發生的可能性大小的一個量度。機率是生活的真正指南，但是我們對這個指南卻有太多的誤解。在聽任命運擺布之外，我們是否還有更好的策略選擇？

第十一章：悖論困惑

悖論廣泛存在於社會生活中的各個方面，世間幾乎不存在「完美」的策略。太多的美好願望，得到的可能是意想不到甚至完全相反的結果；太多的成功規則，其尾巴上大多帶著傷人的利刺……

第十二章：成本與收益

所有人都在追求勝利，但不是所有勝利都是值得去追求的。所以，在做是否要爭取某個勝利的決策之前，你必須經過仔細的「成本－收益」估算：如果收益大於成本，就放手去做；如果收益與成本相抵，甚至是收益小於成本，就不要做這種「吃力不討好」的事情。

第一章：囚徒困境

在賽局論的所有案例和模型中，「囚徒困境」是最著名的。不談「囚徒困境」，就無從談賽局論。「囚徒困境」準確的抓住人性的不信任和需要相互防範背叛這種真實的一面，它可以簡潔明瞭的濃縮為一個問題——合作，還是背叛？

賽局的發展

賽局論，又稱為「對策論」、「博奕論」，是研究兩人或多人之間競爭合作關係的一門科學。用我們日常的語言來說，賽局論就是研究在不同情境下的策略選擇的一種理論。它是運籌學的一個重要學科，也是現代數學的一個新分支。

在經濟學上，賽局論是一個非常重要的理論概念，透過使用嚴謹的數學模型來解決現實生活的各種利害衝突問題。具體來說，賽局論是指某個個人或組織，在一定的環境條件和規則約束下，依靠所掌握的資訊，選擇並且加以實施各自傾向的行為和策略，並且從中取得相應結果或收益的過程。

賽局論思想古已有之，早在兩千多年前，賽局論的原始思想已經萌芽。在古代文獻中，充滿賽局思維的案例。《孫子兵法》、《三十六計》、《三國演義》，這些不僅是軍事著作，而且可以算是很好的賽局論「教材」，只是還沒有上升到現代賽局論的層次。

賽局論最初主要研究西洋棋和圍棋以及賭博中的勝負問題。那個時候，人們對賽局局勢的把握只停留在經驗層面上，沒有向理論化發展，其正式發展成一門學科是在二十世紀初期。

一九二八年，美籍匈牙利數學家約翰・馮・諾伊曼證明賽局論的基本原理，並且與經濟學家奧斯卡・摩根斯坦合作，於一九四四年出版《賽局理論與經濟行為》一書。書中提出合作賽局的基本模型，並且將二人賽局結構推廣到N人賽局結構。至此，賽局論被引入經濟領域，奠定這個學科的基礎和理論體系。人們把諾伊曼和摩根斯坦的這部巨著，當作是現代賽局理論誕生的象徵。

談到賽局論，就不能忽略賽局論天才——約翰・納許。一九五〇年，納許完成其名為《非合作賽局》的博士論文，並且於次年在此基礎上修改，發表已經成為經典的《N人非合作賽局的均衡問題》（一九五一），提出「納許均衡」的概念和均衡存在定理。納許均衡是最基本和最重要的賽局論概念，當代賽局論的研究幾乎都是圍繞納許均衡的加強與減弱而進行。

此外，數學家塔克定義「囚徒困境」，奠定現代非合作賽局的理論基礎；賴因哈德・塞爾滕將納許均衡引入動態分析，創立「子賽局精煉納許均衡」的概念；經濟學家約翰・海薩尼發現「納許均衡」要求完全資訊，賽局論無法處理現實中的不完全資訊，於是提供一個方案，把不完全資訊賽局引入賽局論研究，將其轉化為貝葉斯賽局，並且定義貝葉斯賽局的納許均衡，即貝葉斯—納許均衡。至此，賽局論的理論架構基本完成。

目前，賽局論作為分析和解決衝突和合作的理論工具，已經在管理科學、國際政治、經濟、外交、社會學等領域得到廣泛應用，為解決不同實體的衝突和合作提供寶貴的方法，並且日漸發展成為一個熱門學科。

賽局的三個要素

任何一個賽局，至少包含以下三個基本要素：

一、決策主體（Player）。又譯為參與者、局中人、賽局者。在一場競賽或是一個賽局中，每個有決策權的參與者構成一個決策主體。

決策主體的目的是透過選擇行動（或是戰略）以最大化自己的效用和收益。只有兩個決策主體的賽局稱為「兩人賽局」，多於兩個決策主體的賽局稱為「多人賽局」。一個賽局中的決策主體，可以是自然人，也可以是團體，例如：企業、國家。

二、策略（Strategy）。又譯為戰略，即決策主體在給定資訊的情況下的行動規則，它規定決策主體在什麼時候採取什麼行動。

在一個賽局中，每個決策主體都會選擇實際而完整的行動方案。一個可行的自始至終對全局進行籌劃的行動方案，稱為這個決策主體的策略。如果在一個賽局中，決策主體的策略是有限的，就稱為「有限賽局」，否則稱為「無限賽局」。

三、效用（Utility）。又稱為支付（Pay Off），是指在一個特定的策略組合下，決策主體得到的確定效用程度，或是稱為期望效用程度。簡單來說，「效用」就是指進行賽局的付出或是收益。

效用是所有決策主體真正關心的東西。每個決策主體在一個賽局結束時的效用，不僅與這個決策主體選擇的策略有關，而且與全部決策主體選定的一組策略有關。一個賽局結束的時候，每個決策主體的效用是全部決策主體選定的一組策略的函數，通常稱為支付函數。

賽局的分類

賽局可以從許多角度進行分類：

按照賽局各方是否同時決策，賽局可以分為靜態賽局和動態賽局

靜態賽局是指在賽局過程中，參與者同時決策或是同時行動，或是決策和行動有先後順序，但是後行動者不知道先行動者採取什麼決策和行動。例如：工程招標（排除標單洩密的違規行為），其截止日期是六月一日，有些競標者在五月上旬就投標，有些競標者到五月下旬才投標，參與者的決策時間有先後，但是效果卻與同時決策完全相同。

動態賽局是指在賽局過程中，參與者的行動有先後順序，而且後行動者可以觀察到先行動者採取的行動。

按照對其他參與者的瞭解程度，賽局可以分為完全資訊賽局和不完全資訊賽局

完全資訊賽局是指在賽局過程中，所有參與者對其他參與者的策略空間、策略組合、收益資訊「完全瞭解」，是所有參與者「公共知識」（此概念見本書第八篇）的賽局。

如果參與者對其他參與者的策略空間、策略組合、收益資訊沒有完全瞭解，或是沒有掌握其他參與者的策略空間、策略組合、收益資訊，在此種情況下進行的賽局就是不完全資訊賽局。此時，參與者所做的是努力使自己的期望支付或期望效用最大化。

按照參與者能否形成約束性協定以便集體行動，可以分為合作賽局和非合作賽局

合作賽局是指所有參與者都是從利己的角度出發，與其他參與者進行談判，並且達成具有約束力的協議或是形成聯盟，參與者在協議範圍內進行的賽局，其結果對聯盟各方都有利。合作賽局主要研究人們達成合作的時候，如何分配合作得到的收益，即收益分配問題。

合作賽局強調團體理性、效率、公平、公正。典型的合作賽局是某個行業的寡頭企業之間的串謀行為，即企業之間透過公開或是私下簽訂協定，對各自的價格或產量進行約束，以達到獲取更多壟斷利潤的行為。

反之，不能強迫其他參與者遵守某個協議，所有參與者只能選擇自己的最優戰略，就是非合作賽局。非合作賽局主要研究人們在利益相互影響的局勢中如何選擇決策，使自己的收益最大，即策略選擇問題。

非合作賽局強調個人理性和個人最優決策，以下將要講述的「囚徒困境」，就是典型的非合作賽局。因為非合作是社會中利益賽局的常態，所以非合作賽局是賽局論探討的主要內容。

非合作賽局按照參與者對其他參與者的資訊掌握程度和賽局各方採取行動的順序，可以分為四種不同的類型：完全資訊靜態賽局、完全資訊動態賽局、不完全資訊靜態賽局、不完全資訊動態賽局。

完全資訊靜態賽局：納許均衡

完全資訊靜態賽局是指在賽局過程中，所有參與者事先達成一項具有約束力的協議，規定每個決策主體的行為規則。如果在沒有外在強制性約束的時候，所有參與者自覺遵守這個協議，沒有人偏離協議規則，就構成一個納許均衡。只要有任何參與者違反這個協議，此協議就無法構成納許均衡，就不可能自動實施，不滿足納許均衡要求的協議是沒有任何意義的。

完全資訊動態賽局：子賽局精煉納許均衡

動態是世間萬物的基本特徵，靜態只是一種獨特的理想狀態。在現實生活中，一個參與者後採取行動的時候，會根據之前參與者的選擇而適時調整自己的決策，先採取行動的參與者也會理性的預測到這一點，所以也會考慮自己的選擇對其他後行動參與者的影響。

一九六五年，經濟學家賴因哈德．塞爾滕將納許均衡引入動態分析，提出「子賽局精煉納許均衡」的概念。它要求在賽局過程中，任何參與者在任何時間和任何地點的選擇都是最優的，參與者應該隨機應變，不應該固守前謀，就推導出「子賽局」的概念。參與者的策略在每個子賽局中都構成納許均衡的時候，就會形成「子賽局精煉納許均衡」。

不完全資訊靜態賽局：貝葉斯—納許均衡

不完全資訊靜態賽局是指參與者同時採取決策，或是決策雖然有先後順序，但是後行動者不知道先行動者的決策，也沒有機會觀察先行動者的選擇以調整自己的決策。每個參與者的最優策略只是在給定自己類型和其他類型依從策略的情況下，最大化自己的期望效用。約翰・海薩尼把不完全資訊引入賽局論研究，將其轉化為貝葉斯賽局，提出貝葉斯—納許均衡。

不完全資訊動態賽局：精煉貝葉斯—納許均衡

不完全資訊動態賽局與不完全資訊靜態賽局正好相反，是指每個參與者採取的決策有先後順序，而且後行動者掌握先行動者的選擇，獲得其策略空間和策略組合等資訊，並且依此修正自己的決策。先行動的參與者也知道自己行動的效用對後行動參與者的影響，也會有意識的選擇某種行動，掩蓋自己決策的真實目的。

賽局論是一門現實中非常有趣而理論上又有深度的學問。可以毫不誇張的說，瞭解賽局論知識對每個現代人來說，實在是非常重要。因為在現實社會中，每個人都在試圖使自己的利益最大化，但是在取得利益的過程中，經常會產生許多衝突。利益均衡的實現，主要取決於各自的策略選擇行為，策略選擇問題實際上就是賽局論的實質。

「囚徒困境」的故事

「囚徒困境」最早是由美國普林斯頓大學數學家塔克於一九五〇年所提出。當時，他編出一個故事，要向史丹佛大學的心理學家們解釋「什麼是賽局論」。後來經過發展，「囚徒困境」成為賽局論中最著名的案例之一。所謂「囚徒困境」，大致上是這樣：

有一天，某富翁在家中被殺，財物被竊。警方在偵破此案的過程中，抓到湯姆和傑克兩個嫌疑犯，並且在他們的住處搜出富翁家中丟失的財物。面對真實呈現在眼前的物證，他們承認自己的偷竊行為。但是，他們卻矢口否認殺害富翁，辯稱是先發現富翁被殺，他們只是順手牽羊，偷了一些東西。

針對他們的狡辯，警方採取將他們隔離審訊（即由地方檢察官分別與湯姆和傑克單獨談話）的方法。為了分化他們，檢察官對他們說了一段話：「本來你們的偷盜罪證據確鑿，可以判你們一年刑期。但是，根據將功贖罪制度，如果你主動坦白，並且揭發同夥的殺人罪行，我們會對你從寬發落，判你無罪釋放，但是你的同夥會被判三十年刑期。如果你頑抗到底，拒不坦白，被同夥檢舉出你的殺人行為，你就要受到嚴懲，會被判三十年刑期，你的同夥會無罪釋放。如果你們兩人都坦白，只會被判十五年刑期。」

在這裡，賽局的決策主體（參與者）就是兩個嫌疑犯——湯姆和傑克。他們都有兩個選擇，即坦白和抵賴。

這兩個嫌疑犯應該怎麼辦？他們面臨兩難的選擇——坦白還是抵賴。最好的選擇是他們都選擇抵賴，可以得到最好的結果——只判刑一年（殺人罪按照「無罪推定」原則，證據不足無法成立，只能以偷盜罪各判每人一年徒刑）。但是，由於他們處於隔離的情況下，沒有串供的條件，所以他們不得不仔細的考慮對方可能採取什麼策略，對方採取的策略對自己有什麼影響。

心理較量就這樣開始了，湯姆和傑克都是絕對的聰明人，只在意減少自己的刑期，不關心自己的選擇會對對方產生什麼影響，對方因為自己的選擇會被判多少年徒刑。

湯姆會這樣推理：假如傑克選擇抵賴，我只要坦白，就可以無罪釋放，獲得自由；我如果抵賴，就要坐牢一年，坦白比抵賴還要划算；假如傑克選擇坦白，我如果抵賴，就要坐牢三十年，坦白只要坐牢十五年，還是選擇坦白為上策。所以，無論傑克選擇抵賴還是坦白，我的最佳選擇都是坦白，還是坦白承認吧！同樣的，傑克也跟湯姆一樣會算計，也會如此推理。

「囚徒困境」之所以稱為「困境」，就是因為：這個賽局的最終結局，對兩個參與者來說，都是最壞的結果——兩個嫌疑犯都選擇坦白，結果皆被判刑十五年。這對他們來說，都是從自身利益出發的最佳選擇，符合他們的個體理性選擇。因為坦白交代者可能會得到無罪釋放（前提是對方選擇抵賴），顯然比自己抵賴可能會獨自承受三十年徒期（前提是對方選擇坦白）更好。原本對雙方都有利的策略（兩個人都抵賴）和結局（每人被判一年徒刑），就不會出現。

「囚徒困境」是典型的非合作賽局的範例，為我們探討合作是怎樣形成的，提供極為具體的解說方式，其產生不良後果的原因是因為囚犯都是從利己目的出發，最終導致結果損人不利己，合作沒有產生。反過來就使我們看到：彼此達成合作是最好的「利己策略」，但是合作必須符合以下黃金定律：「己所不欲，勿施於人」（前提是「人所不欲，勿施於我」）。基於此基礎之上的合作，才會形成一個和諧而良好的社會環境。

在「囚徒困境」中，最好的策略直接取決於對方採取的策略，取決於對方採取的策略為發展雙方合作留出多大的餘地。獨立於對方採取策略之外而從利己目的出發的最好決策是不存在的。

實際上，「囚徒困境」是現實生活中許多現象的抽象概括，具有其廣泛而深刻的意義。同行業不同企業之間的價格競爭，就是典型的「囚徒困境」現象，任何企業都以對方為敵手，只關心自己的利益。在價格賽局中，只要以對方為敵手，不管對方採取怎樣的決策，自己總是認為採取低價策略會佔便宜，就像「囚徒困境」的嫌疑犯始終認為自己選擇坦白是最佳決策一樣，就會促使雙方都採取低價策略，例如：可口可樂公司和百事可樂公司之間的價格競爭、各航空公司之間的價格戰……

如果彼此都瞭解這種情況，雙方勾結或是進行合作，共同制定比較高的價格，就可以避免價格戰，並且獲得比較高的利潤。但是，這些聯盟（或是稱為協議）往往處於利益驅動的「囚徒困境」中，雙贏也就成為泡影。不同企業之間五花八門的價格聯盟總是非常短命，道理也在這裡。

大家的事情由誰管？

某地有一個只有上官和歐陽兩戶人家的村落。由於地處偏僻，道路情況不好，使得兩戶人家與外界的交通十分困難，急需修建一條通往外界的道路。假設修建這條道路的成本為四個單位，每戶從修建以後的這條道路上獲得的好處為三個單位，如果沒有中間人協調，上官和歐陽兩家就會各自打著是否修路的算盤：

如果兩家共同出錢聯合修路，每家平均分攤修路成本兩個單位，每家獲得的好處為一個單位（3－2＝1）；只有一家出錢修路而另一家坐享其成的時候，修路的一家付出四個單位的成本，只得到三個單位的好處，獲得的純「利潤」為「負一」（3－4＝-1），也就是得不償失，倒貼一個單位，結果是虧損的，坐享其成的一家也可以使用修建以後的道路（修路人沒有道路所有權，不能因為修路以後就不讓鄰居走），獲得三個單位（3－0＝3）的好處；如果兩家都不修路，兩家的純「利潤」皆為〇。

對上官家來說，如果歐陽家修路，我家也修路，會獲得一個單位的好處；我家不修路，會獲得三個單位的好處，顯然「修路」是劣勢戰略。如果歐陽家不修路，我家修路，會虧損一個單位；我家不修路，不贏也不虧，「修路」還是劣勢戰略，因此上官家決定不出錢修路。同理，歐陽家也會選擇不修路。最終，修路賽局的結局是：兩家都不修路，大家利益都是零。這就是俗語說：「大家的事情，反而無人管。」

在一般情況下，如果上官只有歐陽一家鄰居，歐陽也只有上官一家鄰居，兩家多半會互幫互助，關係比較好，就會好好商量修路的問題，合力把道路修好，大家都得到方便。但是如果出現極端情形，例如兩家有仇，就要另當別論。但是，這兩種情形都不在賽局論討論的範圍內。如果不附加說明，賽局論討論所牽涉的參與者，都是經濟學上所說的「理性人」：他們沒有私人恩怨，也不是世代友好，只是具有人類的自私本性，但是不會刻意損害別人。

公共品和私人品的性質不同，私人品是純屬私有私用，別人很難佔到什麼便宜，但是公共品卻不同，不管是誰提供，大家都可以共用。例如：公園裡的長椅，只要有人出錢出力設置，所有行人都可以坐下休息，哪怕他沒有為此做出任何貢獻。這張長椅要由誰來設置？恩惠於大家的公共性的事情，又要由誰來管？

這就是公共品供給的囚徒困境：如果大家只考慮到自己的得失，只打自己的「算盤」，結果是誰也不付出，得過且過，就會排除合作雙贏的前景。所以，公共品問題一定要有人協調和管理，「大家的事情」要有專人進行協調管理。其實，這就是政府的主要職能之一。對於一個國家來說，最重要的公共品是國防安全、基礎設施、文化教育。政府責無旁貸的要用來自納稅人的錢，把國防安全、基礎設施、文化教育等屬於大家的事情做好。

在修路賽局中，為了解決這條通往外界的道路修建問題，需要政府執行，強制性的向上官和歐陽兩家徵稅兩個單位，然後投入四個單位的成本，修建這條給兩家都帶來好處的道路。通常只有政府出面，大家才可以走出誰都不願意去修建公共設施的囚徒困境。「羊毛出在羊身上」，公民稅收是不可缺少的，因此大家都要承擔納稅的義務。

不必每次都贏

在「囚徒困境」中，我們已經知道一個道理：從個體的眼光看，目標是在與對手的許多對局中，盡可能的最大化自己的利益。這樣一來，使得參與者會受到背叛利益的短期誘惑，總是想要贏對方，結果可能得不償失。因為對方也會全力反擊，導致雙方難以全身而退，造成「兩敗俱傷」的局面。此時，如果雙方沒有繼續對抗下去的意願，但是前置作業花費過大，已經不能放棄，只能咬緊牙關，硬著頭皮撐下去。如果一開始與對方建立雙方合作的模式，就可以使雙方得到更多的長期好處。

陷入「囚徒困境」的時候，應該如何表現，才可以盡可能的與對方達成合作，以下是對參與者的兩個簡單建議：

第一，不要嫉妒

在大多數賽局中，人們都習慣於考慮零和對局，即一方贏，就表示另一方必輸。然而，生活中的大多數對局情況，都是非零和的。不是此消彼長的關係，而是雙方都可以做得很好或是很差。雙方很有可能達成合作，只是不一定都可以實現。

人們在很多情況下，都傾向於採用相對標準，把對方的成功與自己的成功對立起來，認為對方成功了，自己就會失敗。這種標準的直接後果，就是會引起人們的嫉妒心，導致自己選擇的策略企圖抵消對方已經得到的優勢。在「囚徒困境」的模式下，抵消對方優勢的唯一途徑，就是透過背叛來實現。這樣一來，就會進入一個惡性循環，背叛會導致更多的背叛和雙方都受到懲罰的結局。因此說，嫉妒的出發點是自我保護，但其結果卻是自我毀滅。

在任何非零和的賽局中，你沒有必要比對方做得更好。要求自己比對方做得更好，不是一個很好的標準（除非你的目的是消滅對方），因為這個目的在大多數情況下，是不可能或是很難實現的。尤其是自己要和許多不同的對手打交道的時候，更不要嫉妒對方的成功。因為在「重複囚徒困境」中，其他人的成功是自己成功的前提。

舉一個人們比較常見的例子：一家商店從供應商那裡購入商品，嫉妒供應商的利潤是完全沒有必要的。任何由嫉妒而引起的企圖透過不準時付帳和不合作行為以減少供應商利潤的做法，都是對自己不利的魯莽舉動，將會引起供應商延遲發貨和不願意打折或是不提供市場變化的資訊等報復行為。商店就會因此付出極大的代價，為自己的嫉妒心理買單。

第二，不要首先背叛，要小聰明

真實實驗和理論分析的結果都顯示，只要對方有意合作，自己也積極配合，促成合作就會有好處。表示對方是否有合作意願的最好特徵，就是對方的出發點是否善良，是否不首先背叛。

對方使用一些不善良的出發點行事的時候，會使用相當複雜的方法來試探這個出發點是否可以逃脫對方的懲罰。例如：嘗試在第一步背叛，等到第一步出現結果發現對方進行報復，就立刻撤回。或是在背叛之前等待十幾步，看對方是否會被哄騙或是被偶爾佔便宜。如果會，就會更頻繁而肆無忌憚的增加背叛的砝碼，直到受到對方的反擊才會被迫撤回。但是實驗結果顯示，這些嘗試背叛策略的表現都不是很好，因為沒有考慮自己的行為可能引起對方的變化。對方對你採取的策略是有反應的，會把你的行為當作你是否會回報合作的訊號。你的行為會映射到自己身上，自食其果，由此而導致的衝突代價是很高的。

你也可以嘗試一種比較保險的方式：先背叛對方直到對方合作，然後才開始合作。然而，實驗結果顯示，這是一個理論上比較保險而實際上很有風險的策略，因為你最初的背叛就可能引起對方的報復，使自己處於被佔便宜或是彼此背叛而兩敗俱傷的兩難境地。如果你發現對方開始報復，再懲罰對方的報復，對方再對你的懲罰進行報復……這種循環就會一直延續下去，後果可想而知。

有些參與者會耍一些小聰明，例如：採取相當複雜的策略，以打亂對方的常規思維，讓對方無法瞭解自己的思路而陷入不知所措的困境。作為對手而言，也會採用一個隨機的策略，其行為效果就是對對方選擇不反應。如果你給對方的感覺是毫無反應的，對方無法瞭解你的思路，無法受到與你合作的激勵，就不會積極的促成合作。因此，策略複雜到不可理解是非常危險的。

第二章：納許均衡

諾貝爾經濟學獎得主、著名經濟學家保羅・薩繆森有一句至理名言：「你可以將一隻鸚鵡訓練成經濟學家，因為牠需要學習的只有兩個詞語：供給與需求。」後來，賽局論專家神取道宏引申說：「這隻鸚鵡要成為現代經濟學家，還要再多學習一個詞語：納許均衡。」

納許均衡，是指在一組策略組合中，所有的參與者都面臨一種情況：其他人不改變策略的時候，他此時的策略是最好的。如果某個人單獨改變策略，他的支付就會降低。納許均衡狀態是市場力量相互作用下賽局的一種穩定結局。

愛心護天才

約翰・納許（John Forbes Nash Jr.，一九二八年六月十三日～二〇一五年五月二十三日），一九四八年作為年輕數學博士生進入普林斯頓大學，其研究成果見於題為《非合作賽局》（一九五〇）的博士論文，這篇博士論文導致《N人賽局中的均衡點》（一九五〇）和《非合作賽局》（一九五一）兩篇論文的發表。納許在上述論文中，介紹合作賽局與非合作賽局的區別。他對非合作賽局的最重要貢獻，是闡明包含任意人數的局中人和任意偏好的通用概念，也就是不限於兩人零和賽局，這個概念後來被稱為納許均衡。在一種納許均衡的情況下，所有局中人的預期都得到滿足，他們選擇的策略都是最優的。

納許提出對這個均衡概念的兩種解釋：一種基於理性，另一種基於統計整體。根據理性解釋，局中人都被設想為是理性的，他們有關於賽局的結構，包括所有局中人有關可能結果的偏好的完全資訊，在這種情況下，完全資訊是常識。既然所有局中人都有關於各自策略選擇和偏好的完全資訊，他們也可以計算各自有關每組預期的最優策略選擇。假如所有局中人都預期同意納許均衡，對誰也不會有改變其策略的激勵。納許的第二種解釋——依據統計整體做出的解釋，適用於所謂的進化賽局。這類賽局，為了瞭解自然淘汰原理在物種間和物種內策略上的相互影響上如何發揮作用，已經在生物學中提出。納許證明，在局中人人數有限的每類賽局中，都存在某種混合策略的均衡。

——一九九四年瑞典皇家科學院賀詞

一九九四年諾貝爾經濟學獎，授予三位對賽局論做出奠基性貢獻的學者：美國數學家約翰・納許、美國經濟學家約翰・海薩尼、德國波恩大學教授賴因哈德・塞爾滕，象徵賽局論已經成為現代經濟學的一個重要組成部分。

納許的一生富有傳奇色彩，他在一九五〇年六月十三日二十二歲生日那天獲得數學博士學位，一九五七年與來自薩爾瓦多的艾莉希亞結婚，第二年他們回到麻省理工學院，納許得到終身學位。納許不到三十歲就已經聞名遐邇，曾經被美國著名的《財富》雜誌推舉為同時活躍在純數學和應用數學兩個領域的天才數學家中最傑出的人物，也是美國最耀眼的科學新星。

可是在學術生涯向巔峰攀升的大好年華，病魔卻襲擊納許。他罹患「妄想性精神分裂症」，使他在以後的生活裡，長期飽受思維與情緒錯亂的困擾，妄想性精神分裂症使他幾乎成為一個廢人。從一九五九年開始，納許在上課的時候會語無倫次，演講的時候會說一些毫無意義的內容。因為實在無法繼續工作，他辭去在麻省理工學院的教職。

納許完全被病魔控制，往昔才華橫溢的天才少年，變成一個衣著怪異、喜歡在黑板上亂寫亂畫、熱衷於寫一些奇怪的信件給政治人物、遊蕩在普林斯頓大學數學系和物理系所在的大樓的瘋子。

在親人和朋友的照顧下，經歷長期病痛折磨的納許竟然在二十世紀八〇年代，病情開始好轉，後來竟然奇蹟般的康復。他不僅可以與人們正常交談，而且可以靈活使用在被精神分裂症折磨的三十年裡不斷更新的電腦。

大概就在這個時候，納許成為一九八五年諾貝爾經濟學獎候選人，但是最終沒有獲獎。究其原因，與其說是因為瑞典皇家科學院對他貢獻的認識尚且不足，不如說是人們對他當時的心智狀態仍然存有疑慮，畢竟納許因為精神病不能工作是眾所周知的事實。獲獎者必須到瑞典首都斯德哥爾摩面對國王和王后，向瑞典皇家科學院發表一篇通俗而得體的答詞，人們擔心那個時候神智不是完全清醒的納許無法做到。此外，獲獎者要有一個頭銜才說得過去，正好在那個時候，納許什麼都沒有。

時間走近一九九四年的時候，賽局論獲獎的形勢更有利，是瓜熟蒂落的時候。但是，納許此時還是什麼頭銜也沒有。在這個緊要關頭，出於同一師門的納許的同學、普林斯頓大學數學系和經濟學系著名的經濟學家庫恩教授，發揮特殊的作用。庫恩等人向諾貝爾委員會申明，如果因為身體狀況而剝奪納許當之無愧的諾貝爾獎，「實在需要過分的勇氣」。等到庫恩等人的堅持有初步的正面回應以後，庫恩又向普林斯頓大學數學系建議，給予納許「訪問研究合作者」的身分。庫恩教授的所有努力沒有白費，納許終於在一九九四年走上諾貝爾經濟學獎的領獎台。

為什麼對手總是喜歡做你的鄰居？

社會、政治、經濟等各個領域的任何賽局，最終都會形成一個結果，達到一種平衡，例如：一件衣服在買賣雙方討價還價以後成交，這個成交價就是買方與賣方的平衡點。這樣的結果被稱為「賽局均衡」。

「納許均衡」又稱為非合作賽局均衡，是由美國數學家納許提出的一種最常見也是最重要的賽局均衡，是賽局論第一個重量級的概念。納許均衡主要描述賽局參與者的一種均衡：在這個均衡下，每個參與者都確信，任何一方單獨改變策略，偏離目前的均衡位置，都不會得到好處。

為了進一步說明納許均衡的意義，讓我們來看日常生活中一些司空見慣的現象。在每個城市的街道上，經常會看到一個人們很熟悉的現象：某個地段上的商店十分擁擠，形成一個繁榮的商業中心區，但是另一些地段卻十分冷僻，沒有什麼商店。再仔細觀察，就會發現一個更有意思的現象——同類型的商家總是聚集在一起，例如：肯德基和麥當勞總是緊緊相鄰；沃爾瑪和家樂福總是相隔不遠，相依為伴；安麗和雅芳往往隔路而望……這是什麼緣故？「納許均衡」理論可以對這些現象做出科學的解釋。我們以一個簡單的例子，對其進行具體闡述。

假設有一條筆直的公路，在公路上每天行駛大量來往的車輛，並且車流量在公路上是均勻分布的（假設的一種理想分布）。有兩家速食店A、B要在這條公路上選擇一個位置開張，招攬來往車輛。他們賣的東西，口味差不多，價格也相當。兩家速食店設置在公路上的哪個位置比較好？

為了分析的需要，我們要對這個模型做一個合乎邏輯的假定：因為食物口味相近，價格也沒有太大差異，車輛司機到哪家速食店購買食物，就看哪家速食店距離自己比較近。反正東西和價格都一樣，何必捨近求遠。根據這個原則，兩家速食店應該怎樣確定最後的位置？

也許你立刻會說把這條公路從〇到一劃成四等分，速食店A設在四分之一的位置，速食店B設在四分之三的位置，不就是最好的策略選擇嗎？確實，從資源的最佳配置來看，這種均勻散布的情況是最優的，每家速食店都有一半的顧客量。同時，對於開車的司機來說，這種策略的決定，會使司機到速食店的整體距離最短，可以節省吃飯的時間。

然而，人生不如意之事十有八九，上天無法總是可以遂人之願。速食店老闆作為當代生意人，自然是精明之至，用經濟學術語來說，就是具有絕對的經濟理性。只要手段合法，他們總是希望自己的顧客盡可能的多，生意盡可能的好，至於其他人的生意好壞，與自己無關。也就是說，速食店老闆不會考慮另一家速食店生意的好壞和車輛司機的方便，只會以自己的利潤為目的，這樣就決定他們不會安於這樣的位置安排。

出於這種理性，A速食店的老闆會想：如果我將速食店的位置從四分之一點處向中間的二分之一點處移一些，自己的「勢力範圍」就會比之前決定的位於四分之一點處那種方案更大。相應的，B速食店的地盤就會縮小，自己可以從B速食店奪取部分顧客，生意會更好。對於A速食店來說，這是一個好主意。所以，原來位於四分之一點處的A速食店，就有向二分之一點處移動以擴大自己地盤的激勵。

B速食店的老闆也不甘示弱，作為一個經濟理性人，也會有將自己的速食店從四分之三點處向中間的二分之一點處移動的激勵，以擴大自己的地盤，爭取更多的顧客。可見，原來A速食店在四分之一處、B速食店在四分之三處的配置，不是穩定的配置。

究竟到哪個位置上，才是穩定的配置？不難想像，在兩家速食店定位的市場競爭賽局中，位於四分之一點處的A速食店會向中間的二分之一點處靠，位於四分之三點處的B速食店會向中間的二分之一點處擠，雙方賽局的最後結局將是兩家速食店設置在位於中間的二分之一附近的位置，相依為鄰而且相安無事的做速食生意，這是納許均衡的位置。如果不是兩家速食店，而是很多家速食店，也很容易對其進行分析得到結果：這些速食店仍然會在公路的二分之一點處附近設置，達到納許均衡。

因為在這個位置，哪家速食店要是單獨移開一些，就會喪失「二分之一點」的市場比例，所以誰都不會偏離中間的位置。在這個點上，每家速食店的「勢力範圍」還是二分之一，還是原來的勢力範圍。

之前所說的一些日常生活中人們很熟悉的現象的原因，現在可以說是十分明瞭吧！只要承認只關心自己商業利益的「理性人」假設，而且條件許可，同類型的商家幾乎會趨向於相依為鄰，擠在中間就是唯一穩定的策略選擇和唯一的納許均衡，這也完全可以當作是公正的市場競爭的合理結果。這就是很多城市商業中心形成的原理，賽局論中有一個專門術語，稱為「位置賽局」。

讀者可能會說，實際生活中的情況，似乎不完全是這樣。當然也有例外，但是那一定是其他因素作用的結果。一種可能是中間位置的房租特別高，根據「成本—收益」分析，靠近中間位置所爭取的顧客帶來的利潤，抵不上高出房價那個部分的支出，覺得不划算。另一種可能是兩家速食店都服從於一個協調機構，協調機構從方便司機用餐的角度考慮，希望兩家速食店互相禮讓，分別設置在四分之一處和四分之三處的位置。還有一種非常特殊的可能，就是兩家速食店實際上是同一家總店的兩家分店，肥水不落外人田，他們當然會選擇在四分之一處和四分之三處的位置上。

轉變舊意識，建立新觀念

「納許均衡」的普遍意義，可以使我們深刻領悟一些常見的經濟、社會、政治等日常生活中的賽局現象。以下，我們從「納許均衡」的角度，討論企業對員工的薪資策略。

對於賽局的任何理性討論，都是建立在一定的假設條件之下。以下要討論的「納許均衡」，企業對員工薪資策略的假設條件如下：

第一，企業的最終目標是實現利潤最大化。也就是說，企業始終會把支付給員工的薪資作為支出成本來對待。

第二，假設賽局的參與者是同行業（或是同地區）幾家實力相當的企業。

第三，員工普遍覺得所在企業（賽局參與者）的薪資偏低，有轉行（或是另覓其他城市）的傾向。

針對這種情況，企業在「納許均衡」理論的指導下，應該如何採取有效的薪資策略？整體來說，企業有兩種策略可以選擇：提高薪資，或是保持薪資不變。

因為員工覺得企業的薪資偏低，有離開公司的打算，以企業而言，只要自己提高薪資，不僅可以留住現在的員工，還可以吸引其他企業的優秀員工選擇加入，就會使其他企業面臨人才危機，自己卻可以人才濟濟，企業發展蒸蒸日上，前景一片光明。如果自己對員工的薪資不變，其他企業的薪資提高，自己的員工將會「跳槽」，導致自己面臨人才危機，可能還會使生產無法正常維持下去。其他企業由於自己員工的加入，將會「如虎添翼」。但是，如果自己與同行業的其他企業聯手，一起提高薪資，就可以留住現有人才，還可以把其他行業（或是其他地區）的人才挖過來。然而，「一分付出，一分收穫。」「收穫」其他企業優秀員工的代價，就是要付出高額的薪資成本。

任何企業都是從利己（擴大自己的利潤）的目的出發。基於這樣的出發點，所有企業都會選擇保持對員工的薪資不變。因為同行業的所有企業對員工的薪資不變，就表示企業的薪資成本不會增加，自己企業的人才只能選擇放棄本行業（或是本地區）而轉行（或是另覓其他城市），顯然比人才都跑到同行業（或是同地區）的其他企業更好。這種策略很明顯是一種損人（損害員工的利益）利己（增加自己企業的利潤）的策略，使得原本對所有企業都有利的策略（提高員工的薪資）和結局（留住人才而且吸引更多人才）就不會出現。這種企業都選擇對員工的薪資保持不變的策略，以及因此導致優秀人才流向其他行業（或是其他地區）的結局，被稱為企業薪資的「納許均衡」。

企業對員工薪資的這種「納許均衡」現象，在各類型的很多企業中相當普遍。針對這種情況，我們認為企業可以從以下兩個方面，進行相對的改善：

第一，企業要建立人力資本的觀念，轉變舊的薪資意識（把員工的薪資視為企業的成本），視員工的薪資為企業對人力資本的長期投資，從人力資本方面達到企業的可持續發展。

第二，加強企業之間的交流溝通，共創人才市場的「雙贏」。雖然「商場如戰場」，可是適當的合作可以更充分的分享人才市場這塊「蛋糕」。但是現實情況是：不僅企業內部各部門和各員工之間的薪資是保密的，同行業（或是同地區）的企業之間的薪資更是被視為企業的機密。

從上述的「納許均衡」我們可以看到，員工都跑到其他行業（或是其他地區）的結局不是對雙方都有利，所以就存在尋找更佳選擇的激勵。競爭企業之間完全可以「串通」達成合作，相約提高一定的薪資以留住優秀人才，發揮其所長，為企業再創效益。

猜猜猜與換換換

是不是所有的賽局都存在一個之前我們所說的純策略（參與者在自己的策略空間中選取的唯一確定的策略）的納許均衡點？答案是否定的。除了以上述說人們比較熟悉的純策略均衡點以外，有些賽局沒有一個確定的唯一策略，而是存在一個混合策略（參與者採取的不是確定的唯一策略，而是在其策略空間中的機率分布）均衡點。以下，我們會在「警察與小偷」的賽局中，對混合策略均衡點進行說明。

某個小鎮只有一個警察，他要負責鎮上的治安秩序。假定這個小鎮主要分為A、B兩區，A區有一家銀行，B區有一家首飾店。再假定這個小鎮有一個小偷，要對這個小鎮實施偷盜行為。因為沒有分身術，警察一次只能在一個區域巡邏；對於小偷來說，一次也只能去一個地方偷盜。假定A區銀行需要保護的財產為二萬元，B區首飾店的財產價值為一萬元。如果警察在A區巡邏，小偷也選擇去A區，就會被警察當場抓住，A區銀行的二萬元財產就不會損失；如果警察在A區巡邏，小偷卻選擇去B區，因為沒有警察的保護，小偷偷盜成功，B區首飾店的一萬元財產，將會全部落進小偷的口袋。在這種情況下，警察要怎麼巡邏，才可以使效果最好？

如果按照之前的思路，只能選取一個確定的唯一策略，很明顯的做法是：警察在A區巡邏，可以保住A區銀行的二萬元財產。小偷去B區，偷盜一定成功，B區首飾店的一萬元財產，將會歸小偷所有。也就是說，警察的收益是二萬元，小偷的收益是一萬元。但是，這種做法是警察的最佳策略嗎？是否存在一種更好的策略，或是可以對這種策略進行改進？

如果警察在A區（或是B區）巡邏，小偷也選擇去A區（或是B區），小偷無法實施偷盜，此時警察的得益為三（保住A區銀行和B區首飾店共三萬元財產），小偷的得益為〇（沒有收益），記作（三，〇）。

如果警察在A區巡邏，小偷去B區偷盜，此時警察的得益為二（保住A區銀行二萬元財產），小偷的得益為一（成功偷盜B區首飾店一萬元財產），記作（二，一）。

如果警察在B區巡邏，小偷去A區偷盜，此時警察的得益為一（保住B區首飾店一萬元財產），小偷的得益為二（成功偷盜A區銀行二萬元財產），記作（一，二）。

由以上分析，我們可以得出這個賽局沒有純策略納許均衡點，而是有混合策略均衡點。在混合策略均衡點下，雙方的策略選擇是其最優策略（混合策略）選擇。

此時，對於警察的最佳選擇是：用抽籤的方法，決定去A區巡邏還是去B區巡邏。因為A區銀行的財產價值是B區首飾店的兩倍，所以用兩支籤（例如：一號、二號）代表去A區巡邏，一支籤（例如：三號）代表去B區巡邏。如果抽到一號籤和二號籤，就去A區巡邏；如果抽到三號籤，就去B區巡邏。這樣一來，警察就有三分之二的機率去A區巡邏，三分之一的機率去B區巡邏，其機率的大小與去巡邏地的財產價值成正比。

小偷的最佳選擇也是用抽籤的方法，決定去A區偷盜還是去B區偷盜，只是與警察的去向相反，抽到一號籤和二號籤去B區偷盜，抽到三號籤去A區偷盜，小偷就有三分之一的機率去A區偷盜，三分之二的機率去B區偷盜。

以上所說的警察與小偷採取的策略，就是混合策略。

按照上述混合策略，警察的期望得益是三分之七萬元，與得到二萬元收益的只巡邏A區的策略相比，明顯得到改進。

原因如下：

警察去A區巡邏的時候，小偷有三分之一的機率去A區偷盜，三分之二的機率去B區偷盜。此時，警察巡邏A區的期望得益為三分之七（1/3×3＋2/3×2＝7/3）萬元。警察去B區巡邏的時候，小偷也有三分之一的機率去A區偷盜，三分之二的機率去B區偷盜。此時，警察巡邏B區的期望得益為三分之七（1/3×1＋2/3×3＝7/3）萬元。警察的整體期望得益為三分之七（2/3×7/3＋1/3×7/3＝7/3）萬元。

同理，我們也可以得出小偷採取混合策略的整體期望得益為三分之二萬元，比得到一萬元收益的只偷盜B區的策略（前提是警察只巡邏A區）更好。

因此，賽局中一方所得為另一方所失的時候，對於賽局雙方的任何一方而言，此時只有混合策略均衡，不可能有純策略的佔優策略。

自私的「納許均衡」

「納許均衡」對亞當・斯密的「看不見的手」的原理提出挑戰：亞當・斯密的理論認為，在自由經濟中，每個人都是從利己的目的出發，但是最終整個社會將會達到利他的效果。但是「納許均衡」理論卻告訴我們，每個人都是從利己的目的出發，但是結果卻是損人不利己，既不利己也不利他，它反映出個人理性和集體理性的衝突。「囚徒困境」是如此，速食店定位也是如此。為了進一步證明「納許均衡」的這種損人不利己的結果，我們來看以下這些例子。

頑猴賽局

實驗人員把一群猴子關在一個籠子裡，主人每天都要打開籠子抓一隻猴子，然後在其他猴子面前，把這隻猴子殺掉。條件反射使這群猴子達到一個共識：不要被主人抓走，因為抓走就會被殺掉。所以，每次主人靠近籠子要抓猴子的時候，猴子們都會非常緊張，畏縮在一起面面相覷，不敢有任何舉動，害怕引起主人的注意而被選走殺掉。主人把目光定格在某隻猴子身上的時候，其他猴子會立刻遠離這隻猴子，全部畏縮在籠子的另一邊，希望主人趕快下定決心把牠抓走。主人把這隻猴子抓走的時候，沒有被選中的猴子會非常高興，幸災樂禍的看著被選中猴子的拼命反抗而無動於衷。可是，這樣的過程不是一次性的，而是逐步進行的，日復一日，最終所有猴子都被主人宰殺。

我們假想一下，如果這群猴子在意識到被抓去就是去送死的這一刻開始反抗，主人要抓任何一隻猴子的時候，其他猴子一起上去攻擊主人，主人迫於牠們集體的壓力，或許會高抬貴手，放牠們一馬。但是，每隻猴子都不知道其他猴子是否會和自己一樣進行反抗，單獨反抗而其他猴子安坐不動，就有被主人注意而選中宰殺的危險。於是，在猴子的潛意識中，形成一種某隻猴子被抓走而其他猴子「毫不關心」的「納許均衡」。因此，牠們都不願意帶頭反抗，最終無法擺脫全體被宰殺的悲劇命運。

汙染賽局

不要以為只有猴群才會出現這樣的悲劇，人類在這個方面的教訓更慘痛。一位德國神父在一座猶太人受難紀念碑上留下的一段銘文，可以說是對人類形成的這種自私的「納許均衡」的絕妙注解，銘文如下：「起初他們追殺共產主義者，我不是共產主義者，我不說話；接著他們追殺猶太人，我不是猶太人，我不說話；後來他們追殺工會成員，我不是工會成員，我不說話；此後他們追殺天主教徒，我不是天主教徒，我不說話；最後他們朝我而來，再也沒有人站起來為我說話。」

例如：社會中普遍存在的由於企業生產而導致的空氣汙染現象，所有企業為了追求企業利潤最大化，寧願以犧牲環境為代價，也不會主動增加對環保設備的投資。按照亞當·斯密的「看不見的手」的原理，所有企業都會從利己的目的出發，大量生產，不顧環境的汙染，其結果不是像亞當·斯密的理論描述的那樣——整個社會達到利他的效果，而是進入「納許均衡」狀態，結果是損人（眾所周知，環境汙染會損害所有人的生存條件）不利己。「不利己」表現在：如果一個企業投資治理汙染，但是其他企業不顧環境汙染，這個企業的生產成本就會增加，產品價格也會提高。相應的，它的產品就會因為價格高而失去競爭力，甚至還會導致企業破產。只有政府出面，加強汙染管制，督促所有企業採取低汙染的策略組合。在這種情況下，企業也會獲得與高汙染同樣的利潤，但是環境將會更好。

偏袒任何一方的壞處

在中國兩千多年的封建社會中，高高在上的皇帝是國家的最高統治者，是封建專制統治的象徵和代表。根據統計，自西元前二二一年秦王嬴政稱始皇帝開始，至西元一九一二年清朝最後一位皇帝溥儀宣告退位為止，中國歷史上總共有四百九十四位皇帝。

在這些皇帝之中，有一類比較特殊的皇帝群，在當政前期，他們奮發圖強，任賢使能，把國家治理得井然有序，百姓安居樂業，但是卻不能堅持，由「由勤變懶」到「萬事不理」，幾乎斷送自己的家族政權，使百姓陷入水深火熱之中。唐朝的唐玄宗就是其中之一，明朝的明神宗更是一個不折不扣的典型。

唐玄宗是因為玩物喪志，過分寵愛楊玉環，無暇顧及朝政，導致國家滅亡。明神宗又是為什麼？也是因為貪戀女色嗎？其實不然，明神宗這種完全相反的治世態度，源於執政時期的一件大事——「國本之爭」。一言以蔽之，就是處事不公正。

在敘述「國本之爭」事件之前，我們需要先瞭解當時的歷史背景。

明神宗朱翊鈞，是明穆宗第三子，其生母李氏原本是宮中一個普通宮女，因為被當時還是裕王的朱載垕看中，多次臨幸，後來為裕王生下一位王子，也就是明神宗朱翊鈞。明神宗並非昏庸無能之輩，從小聰慧過人，讀經史過目不忘，明穆宗非常看重他。有一次，還是幼齡（當時六歲）的朱翊鈞看見穆宗在宮內騎馬奔馳，竟然上前攔道勸諫：「父皇不要騎馬，倘若疏忽而損傷聖體，會使臣民擔心。」穆宗皇帝聽後，深受感動，從此更喜愛他，並且在這一年立他為皇太子。西元一五七二年，明穆宗病逝以後，年僅十歲的皇太子朱翊鈞即位，成為明朝第十三位皇帝，第二年改年號為「萬曆」。

明穆宗去世的時候，為朱翊鈞留下一個團結的內閣團隊。在內閣首輔張居正和太監馮保的默契配合之下，萬曆初政的前十年，政治清明，國力強盛，使得瀕臨瓦解的王朝獲得短暫的復甦和繁榮。這十年是明神宗備受後人讚譽的十年，也是他一生轉變的關鍵十年。

俗話說：「月滿則虧，水滿則溢。」張居正因為操勞過度，於萬曆十年去世，明神宗親政。由於張居正為人正直，得罪許多大臣，再加上其改革措施觸動許多守舊勢力，使得明神宗在張居正嚴格的管理下，也有一些厭倦，導致他在徹底擺脫張居正的束縛之後，立刻對有功之臣張居正進行清算：張家被抄，家人被謫戍。

明神宗十分貪財，在他當政期間，大肆聚斂，徵稅的項目千奇百怪，無物不稅，無地不稅，尤其以礦稅最為禍國殃民，真是苛政猛於虎！雖然遭到臣民的極力反對，但正是因為臣民的強烈反對，使得明神宗的行為更偏激，不依常理。後來，又因為立太子引起「國本之爭」，明神宗躲入深宮，不理朝政，「罷朝」三十多年之久，導致明朝後期朝綱一片混亂。

接下來，我們就來敘述萬曆年間的「國本之爭」是怎麼回事。

所謂「國本」，就是指太子的人選。立誰做太子，表面上看是皇帝的家事，但是對於「家天下」的封建王朝來說，皇帝的家事就是國事。在古人看來，立誰做太子是一個非常關鍵的問題，算得上是國家的根本，因此被稱為「國本」。

根據明朝各代立太子的一般原則，應該是「有嫡立嫡，無嫡立長」，即嫡長子繼承制。也就是說，皇后生的兒子（即嫡子）自然會是太子，如果皇后沒有兒子，就應該立皇帝的長子為太子。明神宗的皇后王氏沒有兒子，所以應該立他的長子朱常洛為太子。但是，明神宗寵愛的是第三子朱常洵，有意立朱常洵為太子。明神宗為何會有此偏心？這要從朱常洛和朱常洵各自的生母談起。

明神宗長子朱常洛的生母王氏，原本是慈寧宮侍奉慈聖太后（明神宗生母）的一個普通宮女。有一天，明神宗來到慈寧宮向母親請安，偶然發現清秀可人的王氏，於是私下臨幸。誰知道片刻風流以後，王氏竟然懷上龍種。明神宗的生母慈聖太后原本就是宮女，因此沒有為難這個宮女，反而讓明神宗立王氏為恭妃。十月懷胎以後，恭妃生下明神宗的第一個兒子——朱常洛。但是，明神宗對王氏的臨幸只是一時興起，沒有當真。因此，他對王氏和朱常洛沒有什麼感情，皇長子朱常洛也沒有被立為太子。

再說皇三子朱常洵的生母——鄭氏。萬曆六年，明神宗大婚，迎娶皇后王氏，同時挑選「九嬪」，鄭氏就是九嬪之一。鄭妃機智聰敏，是邀寵的好手，所以深得明神宗寵愛。平時，明神宗都在她的宮中留宿，妃嬪無一人能及，明神宗對她也是言聽計從。萬曆十四年，鄭妃生下皇三子朱常洵，明神宗立刻冊封鄭妃為僅次於皇后的皇貴妃，超過朱常洛的生母——恭妃。但是，這個晉封卻引起宮廷內外的議論。

大學士申時行等人認為皇長子朱常洛已經五歲，其生母恭妃一直沒有加封，鄭妃剛生下皇子就被冊立為貴妃，擔心將來一定有廢長立幼的事情，於是上疏請求冊立東宮（東宮是太子住的地方，就是說應該立太子）。但是，明神宗在鄭貴妃的慫恿下，總是想要藉機立朱常洵為太子。於是，在立太子的問題上，明神宗採取拖延的態度，想要拖到原配王皇后去世為止（因為王皇后死後，明神宗就可以冊封鄭貴妃為皇后。這樣一來，朱常洵的「皇三子」身分就變成「嫡子」身分，名分上超越朱常洛的「長子」身分，按照「有嫡立嫡，無嫡立長」的嫡長子繼承制，朱常洵就可以名正言順的被立為太子）。然而，天不遂人願，原配王皇后遲遲沒死，不僅如此，還對宮女出身的恭妃所生的皇長子朱常洛十分愛護。

明神宗在立太子一事上一拖再拖的態度，遭到正直大臣們的極力反對，因為這件事情影射宮廷嫡庶之爭，弄得天下人心混亂。上疏者前仆後繼，以至於事情越鬧越大，朝野皆知。結果還是皇帝的母親慈聖太后出來干預，問皇帝為何遲遲不立朱常洛為太子。可能是太后威風猶在的緣故，也可能是明神宗對太后的問題事先沒有準備，驚惶之下，他竟然說出一句關鍵的錯話：「他（指朱常洛）是都人（明朝皇宮稱呼宮人為『都人』）之子。」明神宗顯然是鬼迷心竅，忘記自己的母親也是「都人」出身。慈聖太后原本是穆宗皇帝的宮女，因為生下兒子朱翊鈞而被晉封為貴妃，後來朱翊鈞即皇帝位，自己才成為皇太后，現在聽到兒子說出這種話，立刻大怒：「你也是都人之子！」嚇得明神宗趕緊叩首請罪。

迫於慈聖太后的支持，又加上社會輿論的壓力，明神宗只好在萬曆二十九年十月，怏怏不樂的立皇長子朱常洛為皇太子。相持十五年之久的「國本之爭」，最終以明神宗的妥協而告終。

「國本之爭」使得明神宗與大臣之間產生巨大的隔閡，雖然群臣取得勝利，但是明神宗卻憋了一口氣，產生報復的心理：既然不能立自己喜歡的兒子做太子，我就「不郊、不廟、不朝、不見、不批、不講」，乾脆「罷朝」。不肯上朝，不肯「召對」大臣，導致衙門嚴重缺員，候補官員無法得到升遷，以至於終生候補，政府機制幾乎癱瘓，明朝的滅亡之勢由此形成，難怪後人評論：「明之亡，不亡於崇禎之失德，而亡於萬曆之怠惰。」

第三章：情侶賽局與智豬賽局

在任何一個賽局中，參與者採取行動的順序，對於賽局競局的結果，具有極其重要的影響。同樣的策略選擇，行動的先後順序不同，賽局的結果也會不同。尤其是在不完全資訊賽局中，後行動者往往要依賴先行動者的行動以獲取資訊，再做出相應的策略選擇。

在生活中，不管是「情侶賽局」中的先發制人，還是「智豬賽局」中的後發制人，都只是一個策略的選擇，而不是根本的原則分歧。先發可以制人，後發也可以制人。至於是「先下手為強」還是「後來者居上」，就不能一概而論，而是由賽局參與者各方的具體情形所決定。

「情侶賽局」的故事

賽局無處不在，就連卿卿我我的情侶之間也不例外，而且還有一個專門的賽局名稱——情侶賽局。情侶賽局原來的標準說法是性別之戰，也有人翻譯為「夫妻賽局」。它與之前介紹的賽局類型有所不同，在這個賽局中，先採取行動的參與者往往更有優勢。

情侶之間還講什麼賽局？你可能會發出這樣的疑問。其實，即使是情侶，雙方的愛好或偏好還是不同的。情侶賽局講述的就是如膠似漆的甜蜜情侶，因為偏好差異而引起「對局」形勢，利益關係方面大同小異的一種情況。

喬治和瑪莉是一對熱戀中的情侶，由於不在同一個城市工作，平時很少在一起共度浪漫時光，只有週末才可以聚在一起。難得的週末又到了，要安排什麼節目？這個星期六晚上，要轉播一場拳王爭霸賽，路易斯和霍普金斯等重量級選手都會參加。喬治是一個超級運動迷，從來不會錯過大型拳擊賽事。就是這個星期六晚上，俄羅斯一個著名歌劇團蒞臨這個城市，演出柴可夫斯基的歌劇《天鵝湖》。瑪莉最喜歡歌劇和鋼琴等高雅藝術，怎麼可能錯過自己最崇拜的偶像——柴可夫斯基的《天鵝湖》？

如果喬治和瑪莉是兩個毫無關係的陌生人，這個問題很好解決：喬治在家裡看拳王爭霸賽，瑪莉去歌劇院看歌劇。可是問題就在於他們是熱戀中又經常無法見面的情侶，分開度過難得的相聚日子，應該是他們最不樂意的事情。怎樣安排星期六的節目？喬治和瑪莉面臨一場如何做出選擇的賽局。

我們不妨定量的對其進行分析：

如果他們在家裡看拳王爭霸賽，喬治的滿意度最高，設為二。瑪莉無法去看自己喜歡的歌劇，滿意度應該設為〇，但是因為可以和心愛的戀人在一起，滿意度由〇變為一。

如果他們去歌劇院看歌劇，瑪莉的滿意度最高，設為二。喬治因為有戀人瑪莉的陪伴，無法看拳王爭霸賽的滿意度由〇變為一。

如果喬治在家裡看拳王爭霸賽，瑪莉去歌劇院看歌劇，因為分開度過週末，雙方的滿意度設為〇。

還有一種應該不會出現的可能情況是：瑪莉在家裡看拳王爭霸賽，喬治去歌劇院看歌劇，但是這裡還是把它寫出來，雙方的滿意度設為負一。

對喬治來說，假如瑪莉在家裡看拳王爭霸賽，自己也在家裡看拳王爭霸賽的滿意度為二，自己去歌劇院看歌劇的滿意度為負一——在家裡看拳王爭霸賽比較划算；假如瑪莉去歌劇院看歌劇，自己也去歌劇院看歌劇的滿意度為一，自己在家裡看拳王爭霸賽的滿意度為〇——去歌劇院看歌劇比較划算。由此可知，喬治沒有「無論瑪莉採取什麼策略，我採取這個策略總會比採取其他策略更好」的嚴格優勢策略（或是稱為佔優策略），瑪莉決定去歌劇院看歌劇或是在家裡看拳王爭霸賽，他的最佳選擇就是陪著，即自己的最優策略取決於對方的選擇。

同樣的道理，瑪莉也沒有嚴格優勢策略，喬治決定在家裡看拳王爭霸賽或是去歌劇院看歌劇，她的最佳選擇也是陪著。

在情侶賽局中，雙方都在家裡看拳王爭霸賽或是去歌劇院看歌劇，就是賽局的兩個「納許均衡」，也就是對整體而言，雙方滿意度最高的兩個結局（最後結局會落在哪個納許均衡，這是賽局論還沒有解決的問題）。這樣的結局對雙方來說不是最優的，但是自己的少許讓步可以換來情侶整體的最佳滿意度，同時也是自己相對較佳的滿意度。如果處於這樣的位置，任何一方都不想單獨改變策略，因為單獨改變沒有好處，其結果是缺少情侶的陪伴，勢必造成整體滿意度的急劇下降。

常言道：「先下手為強。」情侶賽局的結果，在大多數情況下，會呈現先動優勢：先採取行動的一方，會佔據一些優勢，多一些獲益。例如：在雙方還沒有商量星期六安排的情況下，瑪莉先打電話給喬治：「親愛的，我最喜歡看的《天鵝湖》星期六晚上在歌劇院上映，我們一起去看好不好？」他們是熱戀中的情侶，瑪莉已經先提出看歌劇的要求，喬治還會堅持看拳王爭霸賽而掃興嗎？一定不會。反過來說，如果喬治先打電話給瑪莉，想要和她一起看拳王爭霸賽，瑪莉也不會要求喬治去看歌劇。

「智豬賽局」的故事

在賽局論中，有一個十分生動的賽局模型，稱為「智豬賽局」，講述的故事情節大概是這樣：

豬圈裡面有兩頭豬，一頭大豬，一頭小豬。豬圈設計得很長，在豬圈一端是豬食槽，另一端有一個踏板，用以控制食物的供應。每踩一下踏板，在豬圈另一端的豬食槽就會落下十個單位的食物，供兩頭豬食用。但是，在踩踏板以後跑到豬食槽這段路程，需要消耗兩個單位食物所帶來的能量，而且由於踏板遠離豬食槽，踩踏板的豬會比另一頭豬後到豬食槽，進而減少吃食的數量。

如果兩頭豬同時踩踏板，然後一起跑到豬食槽吃食，大豬會吃到七個單位的食物，小豬會吃到三個單位的食物，減去從踏板到豬食槽的勞動耗費兩個單位，大豬實得五個單位的食物，小豬實得一個單位的食物。

如果大豬踩踏板，小豬在另一端的豬食槽等著先吃，大豬再趕過去吃，大豬會吃到六個單位的食物，小豬會吃到四個單位的食物。減去從踏板到豬食槽的勞動耗費兩個單位，大豬實得四個單位的食物，小豬由於沒有去踩踏板，就不存在勞動耗費，實得四個單位的食物。

如果小豬踩踏板，大豬在另一端的豬食槽等著先吃，小豬再趕過去吃，大豬由於先吃，會吃到九個單位的食物，小豬只能吃到一個單位的食物，減去從踏板到豬食槽的勞動耗費兩個單位，小豬虧損一個單位的食物，實得負一個單位的食物。

如果兩頭豬都選擇等待，結果是都沒有食物可以吃，兩頭豬的實得都是〇。

兩頭豬會採取什麼策略？不難得出，因為利益分配決定兩頭豬的理性選擇：小豬踩踏板的收穫甚微（大豬也踩踏板）或是虧損一個單位的食物（大豬不踩踏板），不踩踏板反而得到四個單位的食物（大豬踩踏板）或是一無所得（大豬也不踩踏板）。對小豬來說，無論大豬是否會踩踏板，自己不踩踏板總是最佳選擇，就會採取「搭便車」行為，舒服的等在豬食槽旁邊。反觀大豬，由於小豬有「等待」這個佔優策略，即小豬不會踩踏板，此時大豬如果選擇等待，一個單位的食物也無法得到，選擇踩踏板還會得到四個單位的食物，所以「等待」就是大豬的劣勢策略，自己踩踏板總是比不踩踏板更好，只好親力親為，不知疲倦的奔忙於踏板和豬食槽之間。

「智豬賽局」是一個「多勞不多得，少勞不少得」的均衡。它的結論是：在一個雙方公平公正而合理共用競爭資源的環境中，有時候佔優勢的一方（例如：「智豬賽局」中的大豬）最終得到的結果有悖於自己的初始理性。

在現實生活中，這種情況比比皆是。很多人都爭著做那隻坐享其成的小豬，想要付出最小的代價而得到最大的回報。「一個和尚挑水喝，兩個和尚抬水喝，三個和尚沒水喝」，說的就是這個道理。三個和尚想要做不勞而獲的「小豬」，不願意承擔「大豬」的義務，最終導致每個人都無法獲得利益。

再例如：新開發的某種產品的性能和功用還不為人所熟識，在其推廣過程中，只有生產能力和銷售能力比較強的公司才會花費鉅資，進行鋪天蓋地的產品介紹活動和廣告轟炸。出現這個結果的原因，與「智豬賽局」故事的原理一樣——大公司是「大豬」，小公司是「小豬」。作為「小豬」的小公司，完全沒有必要投入大量資本進行產品宣傳，只要跟隨「大豬」（大公司），等到大公司的廣告為產品打開銷路，並且逐步形成市場以後，再推出類似產品進行銷售，就可以獲得一定的利潤。這也是為什麼佔有更多資源者要承擔更多義務的原因。

「小豬躺著大豬跑」可以改變嗎？

在「智豬賽局」中，小豬等待大豬踩踏板的結果，是由故事中的遊戲規則所導致。規則的核心指標是：豬食槽每次落下的食物數量，取決於踏板與豬食槽之間的距離。如果對這兩個核心指標的設置進行改變，豬圈裡還會出現上述的「小豬躺著大豬跑」的景象嗎？小豬「搭便車」的現象會不會杜絕？

先看食物增減方案：

改變方案一：食物減量方案。每踩一下踏板，豬食槽上方的落食口落下的食物為原來的一半，也就是五個單位的食物，結果是小豬和大豬都不踩踏板。小豬踩踏板，大豬就會在第一時間將食物吃完；大豬踩踏板，由於食物不多，小豬也會吃掉大多數食物。誰踩踏板，就表示為對方貢獻食物，所以誰也不會有踩踏板的激勵。

如果改變指標的目的是想讓大豬和小豬都踩踏板，很顯然，這個激勵制度的設計是失敗的。

改變方案二：食物增量方案。每踩一下踏板，落食口落下的食物為原來的兩倍，也就是二十個單位的食物。這個改變方案的結果是：小豬和大豬都會踩踏板。誰餓了，誰就會踩踏板，反正對方不可能立刻把食物吃完。大豬和小豬此時的生活狀態，相當於物質豐富的「共產主義」社會，所以牠們的競爭意識不會得到提高。

對於激勵制度的設計者來說，雖然兩頭豬都踩踏板，但是成本（食物量）卻提高一倍，而且因為在不需要付出太多代價就可以得到食物的情況下，兩頭豬都不會有太多動力去增加踩踏板的數量，所以激勵作用明顯不足。

再看移位方案，也就是縮短踏板與豬食槽之間的距離：

移位方案一：減量加移位。每踩一下踏板，落食口落下的食物為原來的一半，也就是五個單位的食物，同時縮短豬食槽與踏板之間的距離，將豬食槽移到踏板附近。在這種情況下，小豬和大豬都會拼命的搶著踩踏板。等待者不得食，無論對小豬還是對大豬，「等待」都是牠們的嚴格劣勢策略，只有不停的踩踏板，才有源源不斷的食物，而且每次落下的食物差不多剛好吃完。

對於改變規則的設計者來說，這個方案是最好的選擇：成本低（食物量減為原來的一半），而且收穫大（達到讓兩頭豬都搶著踩踏板的目的）。

移位方案二：增量加移位。一般來說，只要縮短豬食槽與踏板之間的距離，不必增加食物量，大豬和小豬都會踩踏板。但是如果適當增量，小豬會長大，大豬會出欄，效益就會增加。

這個方案需要注意的是：要妥善的掌握成本（食物量）增加的尺度，適當的增量更符合組織與個人的需求。

移位方案三：食物量不變加移位。無論食物量是否改變，只要縮短豬食槽與踏板之間的距離，就表示踩踏板的勞動量減少，根據成本—收益分析，得到的食物完全可以彌補踩踏板的耗費，所以大豬和小豬都會搶著踩踏板。踩踏板的次數越多，吃到的食物就會越多，這個制度的設計，將會驅動合作機制的形成和生產效率的提高。

對於改變規則的設計者來說，這也是一個很好的方案：成本不高，但是收穫不小。

原版的「智豬賽局」對我們的啟發是：競爭中的弱者（例如：「智豬賽局」中的小豬）在與強者競爭取勝無望的時候，可以選擇「等待」為最佳策略。但是，對於社會（無論是政府還是企業）而言，因為小豬沒有參與競爭，作為不勞而獲的小豬搭便車的社會資源，沒有得到最有效的配置，不是最佳狀態。能否完全杜絕小豬這種「搭便車」行為，就要看規則核心指標的設置是否恰到好處。

以公司的激勵制度設計來說，如果獎勵員工的力道太大（例如：薪資加倍，外加持股），暫且不論成本過高，不一定可以激發員工的積極性，競爭意識也不會得到加強，這種情況與「智豬賽局」增量方案描述的情形如出一轍。如果獎勵力道不大，而且每個人都有份（包括不勞動的「小豬」），之前十分努力的「大豬」也不會再做無謂的付出，這種情況與「智豬賽局」減量方案描述的情形如出一轍。

所以，公司老闆採取的最好激勵機制，應該向「智豬賽局」減量加移位的方案看齊，獎勵並非見者有份，而是根據工作業績，適當合理而有差別的（例如：業績按照比例抽成）直接落實到個人上。這樣做，公司可以節省成本，也可以消除一些懶惰員工的「搭便車」現象，以達到有效的激勵效果。因此，對於制定各種遊戲規則的領導者來說，必須參透「智豬賽局」之中的點點滴滴，深諳核心指標改變的個中道理。

為什麼大股東承擔監督經理的責任？

對現代企業制度（例如：股份有限公司、有限責任公司、私人公司）進行考察，「智豬賽局」最典型的例子是：在股份有限公司中，大股東與小股東的行為差異。

在一個股份有限公司中，只有大股東擁有決定經理任免的投票權。這是因為在一個股份公司中，應該是所有股東承擔監督經理的責任，但是監督經理的工作需要花費很大的精力和很多的時間去收集資訊並且做出分析，其「監督成本」是很高的。大小股東從監督中獲得的收益大小又不一樣。在監督成本相同的情況下，大股東從監督中獲得的收益，明顯大於小股東。所以，大股東就充當「智豬賽局」大豬的角色，他們積極而努力的收集資訊以監督經理，因而擁有投票權；小股東扮演小豬的角色，不會花那麼大的精力去監督經理，因而沒有投票權。

舉例來說，甲向某股份公司投資一億，是這家公司的大股東；乙買了這家公司一萬股股票，是這家公司的小股東。假定公司營運狀況良好的時候，分紅是營運狀況不好的時候的幾十倍。不管是大股東還是小股東，公司賺錢，他們都會分得相應的紅利，都希望公司營運狀況良好，但是利益關切程度卻相差甚遠。如果公司營運狀況良好，甲作為大股東，可以分得一千萬元的紅利，乙持有公司的幾張股票，只可以分到一萬元的紅利。增加一萬元收入，雖然是一件好事，但是如果這一萬元的取得，需要乙花費超過一萬元的代價去密切監督經理的工作才可以實現，乙作為經濟理性人，就沒有太多動力去做這件虧本的生意。甲就不一樣，哪怕花費幾萬元甚至幾十萬元的代價雇人監督經理的工作，對他來說也是值得的：幾萬元甚至幾十萬元的監督成本，可以換來一千萬元的紅利收入，近百倍的差額可以落入口袋中，何樂而不為？

雖然大股東明確的知道，小股東不會花費精力去監督經理，而是會搭其便車，坐享其監督成果，但是大股東選擇監督經理的責任而獨自承擔監督成本，卻是在小股東佔優選擇（不監督經理）的前提下，必須選擇的最優策略。所以，在大小股東是否密切監督經理工作的這個賽局中，大股東因為利益攸關，就會獨自承擔收集資訊和監督經理的責任，小股東按兵不動卻可以坐享因為大股東密切監督經理的工作而帶來的收益。

許多人可能沒有讀過「智豬賽局」的故事，但是卻在不自覺的使用小豬的「搭便車」策略。在一些公共事業領域，有些大公司經常投資於公共設施。例如：美國的重要航道上有許多燈塔，這些燈塔大多數是由大航運公司出錢建造，這是因為大航運公司的航班密集，迫切需要設置燈塔，以便夜間航船的安全運行。小航運公司在這個方面的積極性，沒有大航運公司高。建造燈塔的投資，對大航運公司來說，是十分值得的，其從建造燈塔所獲得的效益，大大超過建造燈塔的花費，小航運公司就可以搭便車受益。一項每個人都可以享用的公共設施的設置，總是得益最多的一方最樂意促成，甚至獨自承擔其成本。這是很正常的現象，我們很難以公平作為出發點去指責任何人。

學會滿足，不要貪婪

低價策略作為自由經濟實行優勝劣敗的重要手段，對市場有獨特的作用。但是，我們有目共睹的是：在某些行業中，除了管理規範的大公司以外，還存在運作良好的小公司。與大公司相比，小公司無實力可言，又要面臨價格競爭，卻可以頑強的生存下來，主要與其選擇的策略有密不可分的關係。

在「智豬賽局」中，對大豬來說，如果小豬去踩踏板，牠樂於在食槽旁等待，等到食物落下以後，吃掉九個單位的食物；如果小豬等待，牠也會去踩踏板再跑回來，如此一來，可以實得四個單位的食物，比與小豬較勁都選擇等待，餓著肚子更好。

對小豬而言，無論大豬踩不踩踏板，最好的策略都是在食槽旁等待。所以，每次都是大豬去踩踏板，小豬在食槽旁先吃，大豬踩完踏板以後再跑回來吃，就成為這個賽局的均衡結果。只有這樣，大豬和小豬才可以共同生存，不至於餓死。

應用到商業競爭中，實力懸殊公司之間的價格競爭策略，也是這個道理。如果公司屬於弱小的一方，可以採取以下的策略：

第一，等待，靜觀其變。作為弱小的一方，沒有實力去開拓某個產品的市場需求，最好的策略就是耐心等待，等到實力雄厚的大公司透過廣告和新聞發表會等手段，使消費者對這個產品形成一定的消費理念以後，再將自己的品牌定位在較低價格上，以分享大公司主導品牌的強大廣告帶來的市場機會。

第二，學會滿足，不要貪婪。如果沒有經濟實力的「小豬」貪得無厭，分得大公司開拓的產品市場的半杯羹之後，就得意忘形，企圖「以卵擊石」，妄想將「大豬」應該得到的那份市場比例也據為己有，那是枉然的。「小豬」要隨時清楚的認識到：之所以有自己的存在，大部分的因素是大公司高抬貴手。

只要小公司安穩，大公司的主導品牌認為它們不會對自己構成威脅，大公司就會不斷投入資金，創造市場需求。所以，聰明的小公司可以將自己定位在無法引起主導品牌的注意，但是確實存在的比較小的市場上，以鬆懈大公司對自己的警惕，限制自己對主導品牌的威脅。

如果公司屬於強大的一方，處在「智豬賽局」中的「大豬」的位置上，是市場中的「領頭羊」，可以選擇以下的策略：

第一，要有寬大的胸襟，接受小公司。作為行業的主導品牌，不要「因小失大」，斤斤計較於與小公司之間的蠅頭小利，而是要不斷加強廣告宣傳，以創造和開拓所有產品的市場需求。不要採取降低價格這種浪費資源的做法，與小公司一決雌雄，除非它們的壯大對公司構成真正的威脅。小公司採取的低價策略，不是對自己沒有任何好處，低價策略可以阻止其他潛在進入者的湧入。

第二，對威脅的限制要清醒。如果小公司的發展，確實對自己的存在構成威脅，大公司就不要手軟，迅速以小公司無法接受的超低價，對小公司做出進攻性的反應，並且讓小公司的老闆清楚的知道，他們在什麼樣的規模程度之下，才是大公司可以容忍的，否則就會導致大公司強有力甚至是摧毀性的回擊。

「智豬賽局」中，大豬和小豬之間的共同生存，有一定的條件。大豬的食物數量受到小豬嚴重威脅的時候，這種共同生存的均衡結果就會被打破。將其用來解釋市場上某個佔據主導地位的大公司和它的實力懸殊的競爭對手（小公司）之間可能發生的競爭情況，就是小公司與大公司共同生存的均衡結果是否被破壞。

這取決於佔據主導地位的大公司如何看待這個競爭對手（小公司）對它的威脅程度。競爭雙方應該對自己的地位和作用有清楚的認識，認清自己的利益，避免殘酷的價格大戰的發生。

做「大豬」還是做「小豬」？

「智豬賽局」這個經典案例，已經擴展運用到生活中的各個方面，特別是在現今的職場中，經常會有類似模型中「大豬」和「小豬」那樣的情況存在。在辦公室裡的人際衝突中，有些人會成為不勞而獲、不得罪人卻沾光的「小豬」，有些人卻充當吃力不討好、每天忙得不可開交的「大豬」。

做「大豬」，好辛苦

大衛是名副其實的「智豬賽局」中的「大豬」，每天下班回家以後的第一件事情，就是向老婆吐苦水：「工作太累了，我快要崩潰了！」是什麼原因讓一個男人發此感慨？

原來，大衛是一家規模不大的公司的核心部門——發展部的經理助理。照理說，經理助理應該不會很忙，可是大衛所在的這家公司卻是特例：「規模不大」決定核心部門只有三個人組成，而且分為三個等級：部門經理、經理助理、一般員工，大衛正好處在上有部門經理、下有一般員工的中間階層；「核心部門」作為公司的重要部門，事務繁瑣不在話下。所以，大衛每天面對的就是正在進行中的工作和許多等待完成的工作，上班八個小時，沒有一分鐘喘氣的機會。

更讓大衛鬱悶的是，除了要面對工作上的壓力以外，還要忍受頂頭上司——部門經理的發號施令：「大衛，趕快完成這項工作！」可是大衛在接到上級派下的任務之後，無法像他的主管那樣，瀟灑的對自己的下屬——麥可說：「麥可，趕快完成這項工作！」一是因為麥可比大衛年長，又是經理的「親信」，經常有「倚老賣老」的感覺；二是因為麥可學歷低，能力有限，大衛不放心把工作交給他。所以，大衛每天只能無奈的嘆息，嘆息之後，還要把自己當三個人用，加班完成上級派下的任務。

令他意想不到的是，由於發展部的每件事情都是他負責處理，其他部門的同事甚至公司的總經理都有一個想法：只要找發展部辦事，就要找大衛！

來到公司以後，大衛忙碌的一天就開始了，像陀螺一樣轉個不停。經理就像一個悠閒的人，躲在自己的辦公室裡打電話，名為「聯繫客戶」，實際上是跟朋友聊天；屬下麥可，看報紙、玩遊戲，偶爾還會上網跟老婆說幾句情話，日子過得多麼舒服。到了年終結算獎金，由於大衛努力工作，發展部業績出色，公司獎勵四萬元，經理獨得二萬元，大衛和麥可各得一萬元。想到自己辛苦一年，卻和不勞而獲的人所得一樣，大衛忍不住心裡不平，可是又能怎麼樣？如果他也像麥可那樣不做事，不僅得不到一萬元，或許還會被解雇！思前想後，還是繼續做「大豬」吧！

做「小豬」，好舒服

湯姆在一家公司上班，他是一個絕頂「聰明」的人，這可以從他為自己做出的評語來看：「在大學裡，我不是最優秀的學生。在學生會裡，我從來不出風頭，只是做一些簡單的工作。如果工作做得好，表揚的時候少不了我；如果工作出錯了，也有其他人承擔，跟我沒有任何關係。」

畢業以後，湯姆已經工作兩年了，他的處世哲學在社會上同樣奏效，每天無所事事，可是薪水不比別人少，職位也升遷得很快，一年之內，已經成為部門經理。可是他這樣投機取巧，其他同事難道沒有意見嗎？老闆也會睜一隻眼閉一隻眼嗎？

對於自己的做事風格，湯姆不覺得有任何不妥，也不覺得有見不得人的地方。談起這些，他沒有任何羞愧之色，眉飛色舞的聊起自己不被同事和老闆盯上的訣竅：

「想要達到我現在這種境界，你們必須從兩個方面入門。第一，平時要善於感情投資，跟同事相處融洽。知道我為什麼每天走來走去嗎？我是在聯絡感情，我的說話技巧是一流的。要組成以自己為首的團體，關鍵時刻，那些成員可以幫助自己。第二，立場要堅定，堅決不做事，所有事情都讓能幹的『大豬』去做。遇到喜歡表現的人，當然很容易搞定，給他們表現的機會，如果發生問題，受到懲罰的一定是他們。但是，遇到不喜歡表現的人，對我這種做事方式肯定看不慣，我不會動怒，只會心平氣和的暗示他，我的朋友很多，他們都會為我說話，老闆也要讓我三分，我不是好惹的。聰明的人就會聽我派遣，當一頭認真做事的『大豬』。」

湯姆的這種升官秘訣，似乎有一些「流氓」的意味，就算有，又能怎麼樣？在職場中，這也是一種策略。

做「大豬」還是做「小豬」？

做「大豬」雖然辛苦，但是做「小豬」也不是那麼輕鬆！在工作上，「小豬」雖然可以偷懶，但是私底下，也要花費很多精力去維護自己用心經營的關係，如果經營不善，在公司的地位就會岌岌可危。湯姆為什麼可以有恃無恐？就是因為有人為他壯膽！

但是，湯姆的這種聰明，完全不值得提倡。依靠人緣和關係，也許可以風光一時，但那是虛無飄渺的、經不住考驗的「風光」。

「小豬」沒有做任何事情卻獲得升遷，表面上看似風光無限，其實心裡不踏實：如果公司改革，從事的不再是團隊合作性質的工作，而是獨立工作的職業，應該怎麼辦？還可以當「小豬」嗎？

在現代職場中，長期在一起工作的同事，對彼此的做事方式一清二楚。「大豬」知道「小豬」會投機取巧，坐享其成；「小豬」知道「大豬」會礙於面子或是出於責任心，主動完成工作。這樣考慮，「小豬」就會坐在一旁，逍遙自在的看著「大豬」忙碌。工作完成之後，「大豬」付出很多，卻沒有得到額外的回報；「小豬」裝模作樣，薪水也不會少拿。因此，在這個競爭激烈的職場中，最好的做法是：既要做認真的「大豬」，也要做乖巧的「小豬」。

第四章：鬥雞賽局

俗話說：「進一步冤家路窄，退一步海闊天空。」但是，在現實社會的許多賽局中，面對複雜的競局和可供選擇的策略，賽局參與者經常感到進退兩難。參與者應該進一步還是退一步，這就要求局中人隨機而變，靈活應對。

「鬥雞賽局」的故事

眾所周知，「呆若木雞」這個成語源於古代的鬥雞遊戲，現在用來比喻人們呆木不靈，形容因為恐懼或驚訝而發愣的模樣。但是其本來意思卻與此相反，透過閱讀以下的典故，就可以明白。

紀渻子是春秋時期訓練鬥雞的名家，鑑於他響亮的名聲，鬥雞愛好者周宣王把他召來專門訓練即將上戰場的「雞戰士」。

訓練十天以後，周宣王迫不及待的催問：「『勇士』可以上『戰場』嗎？」紀渻子搖搖頭回答：「不行，牠看見別的雞或是聽到別的雞叫，就會躍躍欲試，沒有達到我想要的那種境界。」

又過了十天，周宣王問訓練好了嗎。紀渻子皺著眉頭說：「還不到火候，這隻雞的鬥氣沒有完全隱藏，心神相當活躍。」

再過了十天，周宣王有些不高興的問：「現在怎麼樣？應該訓練好了吧？」紀渻子胸有成竹的說：「好了，驕氣沒有了，鬥氣深藏了，心神也安定了，可以上『戰場』了。」

周宣王高興至極，立刻去看鬥雞的情況，查驗訓練的成果。只見那隻雞好像木頭似的，面對別的鬥雞挑釁的鳴叫，牠毫無所應，不動也不驚，好像沒有聽到似的。周宣王有些納悶，雞被訓練成呆頭雞，何談取勝？可是，紀渻子把牠放進鬥雞場的時候，對手看到牠，轉身就逃，鬥也不敢鬥。

果然名不虛傳！原來，紀渻子訓練雞的最佳效果，就是要達到這種「呆若木雞」的程度：讓其精神凝聚在內，不為外面的聲音所動，用霸氣鎮住對手，既可以達到嚇退對手的作用，也可以達到麻痺對手的作用，進而達到不戰而勝的效果。

由以上的典故，我們可以知道，「呆若木雞」原本是比喻精神內斂、修養到家的意思。再延伸至人生處世上，認為人們如果不斷強化競爭的心理，就容易樹敵，造成關係緊張，彼此仇視；如果消除競爭之心，就可以「化干戈為玉帛」，不戰而勝。

其實，以上引用的「呆若木雞」典故中，包含以下要敘述的鬥雞賽局的基本原則：讓對手對雙方的力量對比進行錯誤的估計，進而產生錯誤的期望，再以自己的實力去戰勝對手。

某日，一隻紅公雞與一隻白公雞在鬥雞場上發生遭遇戰。兩隻公雞各有兩個行動可供選擇：要麼後退離開，要麼前進攻擊。如果紅公雞後退，白公雞前進，表示白公雞勝利；如果紅公雞後退，白公雞也後退，雙方不分勝負；如果紅公雞前進，白公雞後退，表示紅公雞勝利；如果紅公雞前進，白公雞也前進，就是兩敗俱傷。

所以，對任何一隻公雞來說，最好的結果是：對方後退而自己前進，但是這種結果存在對方前進而造成兩敗俱傷的隱患。

如果兩隻公雞都選擇「前進」，雙方都得負二；如果一隻公雞「前進」，另一隻公雞「後退」，選擇「前進」的公雞得一，選擇「後退」的公雞得負一；如果兩隻公雞都選擇「後退」，雙方都得負一。

在「鬥雞賽局」中，存在兩個納許均衡點：紅公雞前進，白公雞後退；白公雞前進，紅公雞後退。關鍵問題是：誰前進，誰後退？如果在一個賽局中，只有一個納許均衡點，這個賽局的結果是可以預測的，也就是說，這個賽局唯一的納許均衡點，就是我們預測的賽局結果。但是假如在這個賽局中，存在兩個或是兩個以上的納許均衡點，我們就無法確定會出現它們之中的哪個結果。「鬥雞賽局」就是屬於後者，使得我們無法準確預測賽局結果，不能確定誰前進、誰後退，誰贏誰輸。

由此看來，「鬥雞賽局」描述的是兩個心氣極高的參與者在對抗衝突的時候，如何使自己得到最大收益，確保損失最小，不管是選擇「前進」還是「後退」。「鬥雞賽局」還可以用來解釋僵局情況下，為什麼一方會選擇「後退」（妥協）。因為雙方進入進退兩難的僵局，如果雙方繼續對峙，其結果可能是彼此的損失更慘重；如果有一方主動選擇「後退」（妥協），雖然也會遭受一些損失，但是比雙方都損失更好。所謂「但能容忍且容忍」，未必不可取。

面子大於性命？

「鬥雞賽局」還有另一種類似的模型，即「膽小鬼賽局」（或是稱為「膽量賽局」）。這是一場極度危險的遊戲，之中的每一步都蘊藏巨大的希望與危機，與「鬥雞賽局」大同小異。

山姆和吉米是兩個頑皮好勝的不良少年，被同伴們慫恿，要進行一場關於膽量的賽局。兩個人各駕駛一輛車，開足馬力相向而行，也就是向對方衝去。雙方都想制伏對方，證明自己是英雄，規定在死亡越來越近的情況下，誰先堅持不住，轉彎閃躲，誰就是「膽小鬼」，就算誰輸，還要被同伴們嘲笑；誰面對將近的死亡毫不畏懼，勇敢的衝上去，誰就是「英雄」，並且被同伴們擁立為「首領」。

你可能會問：遊戲的參與者沒有精神方面的障礙吧？現實生活中，會發生這種情況嗎？其實完全有可能，在別人的鼓動下，當事者可能會衝動而為。你可能還會問：為什麼賽局論總是以一些行為舉止異常的人來比喻？這完全是討論所需，喜歡走極端的人更容易說明問題。

在這個遊戲中，誰先怕死，驅車避讓，誰就算輸；但是，如果雙方對抗到底，不肯讓路，結果將是災難性的，他們可能會同歸於盡，這個結果無論是對個人還是全體，都是最壞的；如果雙方退避讓路，他們身體上雖然沒有受傷，但是心理上卻會受傷，會成為所謂的「膽小鬼」，在同伴們面前丟盡顏面，可能永遠抬不起頭。

山姆和吉米這場「膽小鬼賽局」的對陣形勢，最終會是怎樣的？

山姆和吉米的最大收益是自己勇往直前，逼迫對方讓路；可是如果對方堅持到底，自己最好選擇讓路，因為丟臉比丟命更好。所以，山姆和吉米的選擇有以下幾種情況：

如果山姆認為吉米會勇往直前，因為吉米比賽之前口出狂言，聲稱自己一定要贏，山姆就會選擇讓路，在同伴們面前丟盡顏面，就是「膽小鬼」，吉米就會贏得尊重；如果山姆認為吉米會讓路，他更願意勇往直前。吉米的想法也是如此。因此，這個賽局成為一個零和賽局（即一方輸一方贏），就會有以下兩個理解：

山姆退避讓路，吉米勇往直前；

山姆勇往直前，吉米退避讓路。

但是，如果山姆和吉米都是做事不計後果的人，他們可能會在「士可殺不可辱」信念的鼓動下，選擇一直向前衝，同歸於盡。此時，這個賽局就會由原本的零和賽局，變成雙方遭受最大損失的負和賽局。

求生是人類的本能，如果兩人選擇放棄獲勝的機會，雖然會在同伴們面前沒有面子，但是因為「膽小鬼」的名聲是由兩個人共同承擔，他們之間也就沒有什麼差別。「膽小鬼賽局」與「鬥雞賽局」一樣，都有兩個納許均衡點，所以無論對山姆和吉米來說，還是對他們的同伴而言，這個賽局都是令人苦惱的：無法預測誰勝誰負的結果，也無法制定任何「必勝策略」。

如果你是當事人，想要贏這個遊戲，應該怎麼做？

仔細分析，這個賽局不是全無頭緒，對參與者來說，獲勝的關鍵是：極力顯示自己會勇往直前來威脅對方，讓對方相信你絕對不會退卻，你越是表現強硬，對方越有可能受到你的恐嚇而退避讓路。但是，如果你知道對方的個性非常強硬，最好不要與他打這個賭，既然無法迴避選擇與其競爭，最佳的策略就是當一個膽小鬼，在最後關頭轉彎是雙方的最優策略。

在日常生活中，我們有時候也會運用「膽小鬼」策略，例如：買方與賣方之間的討價還價——買方確實想要購買，但是價錢談不攏，可以做出轉身離開的動作。這就是一個「膽小鬼」策略，它給賣方的暗示是：我寧願不買，也不會妥協，希望以此迫使賣方讓步。在這種情況下，如果買方出的價錢是賣方可以接受的，只是出於賣方的貪心，想要多賺一些，看到買方轉身無法達到目的以後，就會做出讓步。

「亡命徒」策略

「膽小鬼賽局」的微妙之處在於：它似乎證明在某種情況下，你越不理性，越有可能成為贏家，得到理想的結果。在這個賽局中，我們可以把退避讓路的一方稱為「膽小鬼」，把勇往直前的一方稱為「亡命徒」。只要是思維正常的人，都會承認「膽小鬼」比「亡命徒」更理性，因為丟面子比丟性命更划算。

可是，正是因為有「膽小鬼」這種理性，使得「亡命徒」更容易佔到便宜，相對理性的「膽小鬼」而言，做一個「亡命徒」似乎更好一些。所以，關於膽量的「膽小鬼賽局」看起來有悖常理——誰越不理智，越可以得到好處。

「亡命徒」雖然是一種可以使自己的利益達到最大的策略，但是無法保證每次都可以成功。這個策略有一定的條件：必須在對方是理性的「膽小鬼」的情況下，這個策略才會奏效。

最滑稽的局面可能是：對方也採取「亡命徒」策略。

這完全有可能，因為做「亡命徒」似乎更佔便宜。對於你的威脅，他會視若無睹，完全按照自己的想法做事。在這種情況下，你會陷入進退兩難的麻煩中：和他一樣，做一個名副其實的「亡命徒」，兩敗俱傷，為了面子丟掉性命；狼狽的卸下「亡命徒」的偽裝，現出「膽小鬼」的原形，丟臉的取消較量。

美國總統尼克森的助手在回憶錄中，曾經提到一個故事：尼克森總統希望利用「亡命徒」策略（尼克森稱其為「瘋子策略」），打贏與越南之間的戰爭。具體做法是向越共散布這樣的資訊：尼克森總統已經惱羞成怒，成為不計一切後果，要把這場戰爭進行到底的「瘋子」，為了盡快取得戰爭勝利，在必要情況下會使用原子彈。尼克森本來希望透過「威脅」，迫使胡志明兩天之內派使者跟他們和平談判。但事實是，這沒有引起胡志明的恐懼。對於尼克森「使用原子彈」的恐嚇，他完全沒有放在心上，尼克森的這招沒有達到預想的作用。

這個模型強調的還是「膽小鬼」遊戲：雙方都希望對方宣布退讓，自己保住面子，撿到「勝利者」的頭銜。可是在某一方使用「亡命徒」策略的時候，就與原來的遊戲有很大的不同：他們無法透過判斷對方的行動以決定自己的選擇，如果做出選擇，就沒有更改的機會，他們要麼做一個「膽小鬼」，丟面子；要麼做一個「亡命徒」，丟性命。

先發制人，放手一搏

在鬥雞場上，如果參賽的兩隻鬥雞實力懸殊太大，實力佔優勢的那隻鬥雞，會依仗自己的能力選擇進攻，實力弱小的鬥雞會進行權衡，在確實取勝無望的情況下，會明智的選擇後退。後退是實力弱小的鬥雞的優勢策略，因為如果選擇不計後果的進攻，其結果十之八九自己會喪命，選擇後退，只會失去主人的疼愛，但是可以保住性命！

但是，如果主人改變規則，規定失敗的一方不是失寵而是喪命，弱小的鬥雞即使知道自己獲勝的機率很小，也不會坐以待斃的選擇後退而等待主人的宰殺。牠會選擇進攻，放手一搏。

唐高祖李淵當上皇帝以後，根據立長不立幼的傳統習慣，在武德元年冊立長子李建成為太子，次子李世民封為秦王，四子李元吉封為齊王。為了想要在大臣和諸子之中建立太子的威望，鞏固他的太子地位，李淵委以李建成軍國大事；為了讓李建成熟悉國事，提高處理政務的能力，李淵每次臨朝，都讓李建成坐在自己身邊，參與各種問題的討論。除此之外，李淵命令禮部尚書李綱、刑部尚書鄭善果為東宮官員，為李建成出謀劃策，決斷各種機要問題。但是高祖的所有努力歸於枉然，李建成還是辜負高祖的厚望。

李建成被派往原州接應安興貴回到長安的時候，部隊七零八落，潰不成軍，李淵見此十分生氣；在東宮，他也不理政務，無節制的飲酒，故意搬弄是非，離間兄弟關係。李綱多次勸誡無效，辭職離開東宮。就在李建成的處境日益艱難的時候，秦王李世民逐漸受到高祖的重用。武德三年，李世民奉李淵之命，平定劉武周割據勢力，收復并州、汾陽廣大地區；又於武德四年，奉詔消滅竇建德和王世充兩大勁敵，極大的鞏固李唐政權。李世民受到高祖李淵的重視，威望日益提高。就是在這個時候，他滋生替代李建成當上太子的念頭。

李建成看到李世民的威望不斷提高，感到十分不安，拉攏四弟李元吉對付李世民。李建成在李世民的酒中下了鴆毒而未毒死李世民之後，沒有因此罷休，反而加快行動。

就在對繼承權進行激烈爭奪的時候，恰逢突厥南侵，李淵同意李建成的建議，讓李元吉代替李世民北伐突厥，並且調動李世民的部下尉遲敬德和秦叔寶等人隨同出征。李建成和李元吉密謀，在出兵餞行的時候，派人刺死無將保護的李世民。李建成的一個屬官得知以後，立刻向李世民報告這個消息，李世民忍無可忍，決定放手一搏，先下手為強。

玄武門是宮城的北門，地位非常重要，是中央禁衛部隊屯守之所。武德九年六月三日，秦王李世民向高祖李淵秘密上奏，報告太子李建成和齊王李元吉的陰謀，並且趁機告發他們「淫亂」後宮。李淵一聽，不禁愕然，答應次日早朝的時候對質，處理此事。李淵知道三個兒子之間早就有衝突，也知道太子李建成與齊王李元吉結成同盟，實力在孤軍一人的李世民之上，所以第二天，也就是六月四日，李淵召集大臣裴寂等人商量此事，打算與大臣商量之後，再召三個兒子勸和。但是他預想不到的是，實力較弱的李世民沒有將希望寄託在父親的處理上（因為李淵總是偏袒李建成和李元吉），他果斷的部署行動計畫，率領長孫無忌、尉遲敬德等十員大將，伏兵於玄武門，準備進行最後一搏。

高祖妃子張婕妤探知李世民將會有所動作，立刻向李建成報告這個消息。李建成聽後，找來李元吉商量，但是想到自己已經做好在京城的軍事準備，況且舊屬常何也守在玄武門，所以沒有考慮太多，決定入宮上朝。李建成和李元吉進入玄武門，行至臨湖殿的時候，發現殿邊有馬影閃動，心知不妥，剛想撥馬東歸，李世民突然從後面呼喊兩人停下，一箭射死李建成。李元吉回頭張弓連射三箭，但是心慌意亂，沒有將弓拉滿，三箭均未射到李世民馬前就落地。尉遲敬德帶領七十騎兵奔馳而來，射殺李元吉。

玄武門之事很快傳到東宮和齊王府，馮立、薛萬徹、謝叔方率領精兵兩千人，結陣猛攻玄武門。李建成的舊屬常何和敬君弘已經被李世民收買，率兵堅決抵抗。駐紮在玄武門的士兵採取觀望的態度，兩不相助，戰鬥不分勝負。攻打玄武門沒有成功，薛萬徹另生一計，採取「圍魏救趙」的戰術，率兵攻擊只有幾個文官留守的秦王府。千鈞一髮之際，尉遲敬德靈機一動，想出妙計，割下李建成和李元吉的首級，送到東宮和齊王府的將士面前，眾將看到自己的主人已經人頭落地，頓時失去鬥志，軍心渙散。李世民派尉遲敬德披掛全身，手持長矛，直入宮中面見李淵。尉遲敬德殺氣騰騰的向李淵報告在玄武門發生戰鬥的原因，李淵大驚失色，但是立刻明白局勢，也沒有其他辦法，於是依言寫下手敕：命令所有軍隊聽從秦王處置，又派黃門侍郎裴矩到東宮曉諭將卒，玄武門之事很快平息下來。

事變平息之後，李世民又將李建成的五個兒子和李元吉的五個兒子全部殺死，以絕後患。事變以後第三天，李淵立秦王李世民為太子，並且表示今後所有政事全憑太子處理；幾天以後，李淵又提出自己應該加尊號為太上皇，表示要退位。兩個月之後，李淵下詔傳位於太子，李世民正式在東宮顯德殿繼位為帝。

古巴導彈危機

雖然我們對「鬥雞賽局」進行許多理性假設，但是在鬥雞場上，職業鬥雞不具備理性，不會去瞭解對手的實力，再決定採取什麼策略，只會選擇不斷「前進」，直至鬥到兩敗俱傷為止。但是，在具有分析能力和理性選擇的社會中，面對與「鬥雞賽局」類似的情形，人們經常會根據雙方的實力對比，理性的選擇「前進」或是「後退」。

用「鬥雞賽局」來解釋二十世紀六〇年代初期發生在美國和蘇聯之間的「古巴導彈危機」事件是非常適合的，當時的情形就像一場超級「鬥雞賽局」。

第二次世界大戰結束以後，世界形勢發生很大變化，逐漸形成美國和蘇聯相互對峙的局面，最終演變成以美國和蘇聯為核心，加上各自盟友的兩大敵對陣營。

地處加勒比海上的島國古巴，於一九六一年與美國斷交，美國對其實行全面禁運。古巴的卡斯楚請求蘇聯幫助，蘇聯害怕引起其他拉丁美洲國家的拋棄，進而降低在全球的地位，決定把古巴作為伸向西方深處的「橋頭堡」，於是在古巴秘密部署核導彈，並且試圖在美國發現之前完成這項工作。因為完成這項工作之後，即使美國發現了，但是只要有一〇%的導彈留下來，就可以給美國致命的打擊。從七月開始，蘇聯秘密將幾十枚導彈和幾十架飛機運往古巴。同時，三千五百多位軍事技術專家陸續搭船前往古巴。在部署工作接近尾聲，也就是九月初，蘇聯公開其向古巴供應武器、配備技術專家一事。

本來，蘇聯的赫魯雪夫對把核導彈部署在古巴感到得意，可是他沒有料到，此舉竟然引起一場軒然大波，險些引發一場威脅蘇聯存亡的戰爭。

雖然蘇聯對古巴運輸導彈的工作做得十分隱密，但是「若要人不知，除非己莫為」，這個秘密行動還是被美國的飛機偵察到。美國獲悉古巴建立導彈發射場的情報以後，舉國震驚，美國中央情報局局長麥科恩立刻下令，對古巴西部的島嶼進行拍照。由照片獲得的證據，令人不寒而慄：一個星期之內，古巴就有十六個甚至三十二個發射場可供發射。蘇聯利用這些導彈，可以向美國集中發射四十枚彈頭，而且這些導彈對準一些美國城市，如果發射，後果不堪設想，幾分鐘之內就會有數百萬人喪生。

美國人急了！五角大廈立刻擬定兩種強硬措施：一是美國武裝部隊直接攻擊古巴，派出飛機和航空母艦對古巴進行空襲，並且集結登陸部隊，消滅蘇聯的導彈和技術專家，以及古巴卡斯楚政權；二是派出五百架飛機對古巴進行地毯式轟炸，主要是摧毀古巴的導彈發射場。美國進入戰爭戒備狀態，美國和蘇聯之間的戰爭一觸即發，全世界都籠罩在巨大的恐慌之中。美國總統甘迺迪估計，發生戰爭的可能性「在三分之一到一半之間」。但是不久之後，事情出現轉機：經過幾天的緊張對峙和秘密談判，赫魯雪夫寫一封秘密信件給甘迺迪，提出願意在聯合國的監督下，拆除蘇聯在古巴部署的導彈，裝運回國，並且表示不再向古巴運送這種武器。兩天之後，蘇聯就付諸行動。為了換取蘇聯的妥協，也為了避免發生戰爭，美國也做出一些象徵性的讓步，從土耳其撤離一些導彈。至此，古巴導彈危機宣告結束。

這就是美國與蘇聯在古巴導彈上的賽局結果。對蘇聯來說，面臨的是拆除導彈還是堅持在古巴部署導彈，蘇聯選擇前者，成為「膽小鬼」，或者說是「後退的雞」；對美國而言，面臨的是引發戰爭還是容忍蘇聯的挑釁行為，美國選擇前者，成為「亡命徒」，或者說是「進攻的雞」。古巴導彈危機是冷戰期間，美國和蘇聯之間最嚴重的危機。

航行規則的確定

之前我們已經知道，「鬥雞賽局」過程中因為存在兩個納許均衡點，其賽局結果難以進行預料。對賽局的參與者來說，這是一個麻煩，因為結果難料，註定局中人不知道要採取何種行動。一個典型的例子是：兩個騎自行車的人面對面行駛，很容易撞在一起，原因就是他們不知道對方會不會閃躲，又會往哪邊閃躲，自己不知道應該如何行駛，才可以與對方配合。

自行車相撞不會造成嚴重的交通事故，可是如果換成行駛速度比較快的機車，可能會造成嚴重的交通事故。所以，應該有一個強制性的規定，指導人們應該怎麼做。例如：「紅燈停，綠燈行」、「上下樓梯靠右走」等交通規則，就是減少交通事故的良好措施。

海上航行也會面臨同樣的問題，儘管海面遼闊，航線卻是固定的，船舶在航行中交會的機會很多。兩艘相向而行的船舶，如何解決誰進誰退的問題？有時候，交會的兩艘船舶可能分屬於不同國家，制定航行規則就顯得十分必要。

先來看一個笑話：

一艘軍艦在夜間航行過程中，艦長發現前方航線上隱約出現燈光，於是艦長立刻呼叫：

「對面的船隻，請右轉。」對方不甘示弱，也大聲回應：「對面的船隻，請左轉。」艦長有些生氣，以警告的口吻對答：「我是美國海軍上校，請右轉。」對方以同樣的聲調回答：「我是英國海軍二等兵，請左轉。」

艦長有些氣急敗壞，一個士兵竟然與我討價還價，大聲命令：「我是美國海軍最強大的『萊克星頓』驅逐艦艦長，請右轉。」對方的語氣還是非常平和：「我是燈塔管理員，請左轉。」

誰進誰退，不是由官階決定，也不是由雙方的實力決定。於是，人們從制度上對其進行規定：迎面交會的船舶，彼此向右偏轉一些，問題就解決了。在十字交叉處交會的船舶，誰先看見對方船舶的左舷，誰就要先讓，降低航行速度或是向右偏轉一些都可以。

第五章：訊息對稱與不對稱

資訊的獲取、處理、傳遞，需要支付成本嗎？其答案隨著經濟學研究的層層深入和社會資訊化過程的不斷加快而完全不同。傳統經濟學認為，在社會經濟活動中，所有資訊的獲取、處理、傳遞，都是無償的，其成本可以忽略不計。但是在現代經濟學中，人們逐漸達成一個共識：資訊的獲取、處理、傳遞，需要支付成本。有時候，這種成本在所有成本類型中，還會佔有很大比重。資訊承載價值嗎？毫無疑問，答案是肯定的。在充滿各種賽局的人生舞台上，掌握資訊的優劣和多寡，將會直接影響採取決策勝算的大小。

減灶誘敵

與敵人交戰，不僅要選用對策，還要選用最適當的對策。此時，決策的依據——資訊的掌握就顯得非常重要。例如：在中國古代的戲曲小說中，一提到戰爭，往往有一種角色不可缺少——「探子」、「探馬」。他們的職責就是盡可能多的為己方收集資訊，並且製造虛假資訊迷惑對手，這也是賽局論中的重要內容。

雖然世界上沒有不透風的牆，也就是沒有完全封閉的消息，但是努力獲取可靠的消息才是需要重點考慮的問題。要隨時謹記，消息是對戰交鋒中極其重要的一個籌碼。獲取盡可能多的資訊，把敵人蒙在鼓裡，使其因為缺乏資訊而被事物的表面現象迷惑，觀察失誤，判斷失當，進而謀略錯誤。我方趁機將敵人一步步引入失敗的深淵，就是一種很好的謀略方法。古代齊國孫臏在與龐涓對抗的馬陵之戰中，採取的「減灶誘敵」就是這個謀略的典範。

戰國時代中期，位於中原地區的魏國逐漸強大，不斷對鄰國用兵。西元前三四一年，魏惠王以韓國沒有參加逢澤之會（西元前三四四年，魏惠王召集一次諸侯盟會，試圖確立魏國在各國之間的統治，但是遭到韓國等國的抵制）為由，派太子申和龐涓率兵進攻比它弱小的兄弟之邦——韓國，企圖一舉滅韓。韓國不是魏國的對手，在魏軍的強大攻勢下，弱小的韓國岌岌可危。韓昭侯異常恐慌，危急之中遣使奉書星夜向齊國求救。

齊威王早就想要待機攻打魏國，所以接到韓國求救以後，立刻召集大臣商議此事。宰相鄒忌充當反對派，認為韓魏相爭是齊國之幸，可以隔岸觀火，以不出兵相救為宜。大將田忌卻認為，魏韓相鬥，韓敗魏勝是必然結果，魏國勢力就會因此而大增，齊國將會成為它的下一個進攻目標，因此不能袖手旁觀，應該發兵相救。齊威王徵求軍師孫臏的意見，孫臏講述自己的看法：

「魏國自恃國力強盛，在討伐趙國之後又起兵攻伐韓國，由此可以看出它不會放棄攻伐齊國。如果坐視不管，韓國必定敗於魏國，這樣只會使魏國更強大，對齊國的威脅也會更大，因而棄韓不救是不明智的。但是如果太早出兵相救，就等於是我國和魏國交戰，韓國就會坐享其成，主客顛倒，如此對齊國也是十分危險而且不利的。應該『深結韓之親，而晚承魏之弊』，首先許韓必救，促使韓國竭力抵抗魏國以自衛。等到魏韓兩軍廝殺到實力消耗殆盡的時候，再發兵直驅魏都大梁，這樣就可以迂迴的拯救危亡中的韓國。」

齊威王聽了孫臏的分析之後，非常高興，答應韓國使者：「齊救旦暮且至。」韓國得到齊國答應救援的允諾以後，人心振奮，竭盡全力抵抗進犯的魏軍。然而，畢竟弱不勝強，結果仍然是五戰皆敗，不得不再次向齊國告急。魏軍在激烈的戰鬥中，遭受一定的傷亡也是必然的。

齊威王抓住魏韓皆疲的最佳時機，任命田忌為大將，田嬰為副將，孫臏為軍師，率領齊軍數萬和兵車數百乘攻魏救韓。「夫解紛之術，在攻其所必救。今日之計，惟有直走魏都耳！」田忌和孫臏率領大軍經過曲阜和亢父兩地，由定陶進入魏國境內，矛頭直指與魏都大梁近在咫尺的外黃。

魏惠王眼見攻韓勝利在望之際，齊軍又從中作梗，殺氣騰騰的直撲大梁而來，鑑於十三年前桂陵之敗的慘痛教訓，不敢讓魏軍在韓國戀戰，決定放過韓國，急忙下令調回魏軍主力指向齊軍。魏惠王等到攻打韓國的魏軍撤回以後，命太子申為上將軍，龐涓為將，率領雄師十萬企圖與齊軍進行一次殊死決戰。

孫臏見魏軍來勢凶猛，而且敵我力量眾寡懸殊，只能智取而不可力敵。於是，他決定因勢利導，利用魏軍求勝心切的弱點，採用欲擒故縱之計，誘敵冒進，再圖取勝。實施一個計策：在退兵途中，第一天挖十萬個做飯用的灶坑，第二天減少到五萬個，第三天再減少到三萬個，造成在魏軍追擊下，齊軍士卒大批逃亡的假象，進而助長其驕傲輕敵的想法，然後再以計取之。

依照計策，齊軍前鋒與魏軍接觸的時候，孫臏命令齊軍由外黃向馬陵方向撤退逃竄。龐涓整頓兵馬，緊緊追趕。剛開始追擊的時候，龐涓唯恐齊軍有詐，比較謹慎，各隊之間聯絡照應有致，行軍速度也不算快。為了誘使魏軍進行追擊，齊軍按照孫臏預先部署，實施「減灶誘敵」

策略，有意造成軍力不斷削弱的假象。龐涓果然上當，看到齊軍用以做飯的灶坑越來越少，不禁得意忘形，心中暗喜，武斷的以為齊軍鬥志渙散，聽聞魏軍將至竟然怯戰，撤退三天，兵士就逃亡過半，這是報桂陵之辱的天賜良機。處於亢奮之中的龐涓立刻傳令，步兵留後繼行，自己率領精銳之師日夜兼程猛追。

田忌與孫臏從容的率兵撤退，並且派出許多探子，詳細觀察和隨時報告魏軍的行軍動態。探子告知孫臏魏軍已經通過沙鹿山，孫臏屈指計程，算好魏軍天黑時分必定趕到馬陵。馬陵地勢險峻，在兩山之間夾有一條窄道，窄道兩旁雜木叢生，實在是進行伏擊戰的絕佳處所。於是，孫臏下令全軍停止前進，砍伐樹木，堵塞道路，設置防止魏軍逃跑的障礙，又選擇一萬個善射的弓箭手埋伏於道路兩側的雜木中，規定夜裡只要看見火把就放箭，打算一舉圍殲追敵。孫臏特地命令士兵把路邊一棵大樹的樹皮剝掉，在白色樹幹上用黑煤書寫八個大字：「龐涓死於此樹之下」。

果然如孫臏所料，龐涓率領騎兵於黃昏時分追到馬陵。龐涓隱約看見樹上有一行字，但是字跡看不清楚，於是命令士兵點火把照明，只見樹上清晰寫著「龐涓死於此樹之下」八個大字，龐涓才知中計，剛要下令退兵，齊軍弓箭手看見火光立刻萬箭齊發，喊聲四起。魏軍陣容大亂，被齊軍四面圍住，進退兩難，死傷無數。龐涓自知厄運難逃，身中數箭，大叫一聲：「吾恨不殺此刖夫，遂成豎子之名！」說完，拔劍自刎而死。齊軍乘勝追擊，大敗魏軍主力，並且俘獲魏軍主將太子申，殲滅魏軍十萬。魏軍輕重軍器和車馬糧草盡歸齊軍，齊軍大獲全勝。

這就是歷史上著名的「馬陵之戰」。雖然魏國的實力勝過齊國一籌，但是齊軍在交戰中重創魏軍。原因無他，就是齊國作戰方針的正確和孫臏指揮藝術的高明。孫臏創造性的運用孫武的「避實而擊虛」、「攻其所必救」、「示形（『減灶』就是這場戰爭中『示形』的主要方式）動敵」等作戰指導思想，發展成為「減灶誘敵」這個高明戰術，誘使對手龐涓收到虛假的齊軍逃亡的資訊，進而做出錯誤的謀略，導致自己的慘敗。

「空城計」中的賽局

《三國演義》是一部記載許多賽局案例的名著，書中到處都是「計」。何謂「計」，就是計策或策略。雙方較量，用計算敵，不僅要選擇對自己來說是適當的計策，而且還要算準對方會選用什麼計策，這不就是「賽局」的本質嗎？

現在，讓我們來看《三國演義》一個經典的資訊不對稱的賽局案例——「空城計」賽局。在不對稱資訊賽局中，如何充分利用資訊這個變數來隱藏自己的弱點，限制對方的優勢，是一個十分重要的策略。

諸葛亮因為誤用馬謖為將，導致街亭失守。駐守西城的諸葛亮驚聞街亭失守的消息，料想司馬懿必定會乘勝攻打西城，因此內心焦急萬分。果然如此，司馬懿率領大軍十五萬來攻。當時，諸葛亮身邊沒有一員武將，精銳部隊都被遣出，西城空虛，無兵可守，城中只有一班文官和兩千五百個老弱軍士。

眾將得知這個消息的時候，盡皆失色。諸葛亮登城遠望，果然塵土飛揚，魏軍分兩路衝來。在危急而且別無他法的情況下，諸葛亮大膽定下空城之計，傳令眾將旌旗盡皆藏匿，諸軍皆藏於民宅，大開城門，每門都用二十個軍士扮作平常百姓，打掃街道。他自己身披鶴氅，頭戴綸巾，引兩琴童自坐城樓上，神態安詳的飲酒撫琴。司馬懿在馬上望之，見此情形，心生疑惑，頓時懷疑其中有詐，猶豫再三，不敢貿然進城。又接到探子回報，遠山之中可能埋伏敵軍，立刻命令部隊的後軍做前軍，前軍做後軍，急速撤退。孔明見狀，撫掌而笑。

就像克勞塞維茲在《戰爭論》中所說：**「戰爭中得到的情報，很大一部分是相互矛盾的，更多的是虛假的，絕大部分是相當不確定的。這就要求軍官具備一定的資訊辨別能力，這種能力只有透過對事物和人們的認識與判斷才可以得到。」**司馬懿正是缺少克勞塞維茲所說的這種資訊辨別能力。

其實，「空城計」賽局是一種心理戰術，即在自己處於劣勢的情況下，故意向敵方曝露部分真實存在的弱點，使得摸不著頭緒的敵方產生錯覺，就會猶豫不前，以致做出錯誤的決策。這場不流血的心理較量，最終以處於劣勢的諸葛亮的勝利而告終。

戰事結束以後，雙方都解釋自己當初的選擇。司馬懿的解釋可以從跟兒子司馬昭的對話中看出。對於兒子的疑問：「莫非諸葛亮無軍，故作此態，父親何故便退兵？」司馬懿回答：「亮平生謹慎，不曾弄險。今大開城門，必有埋伏。我兵若進，中其計也。」作為戰勝方的諸葛亮，在對官員們解釋這次冒險之舉的時候說：「此人料吾平生謹慎，必不弄險，見如此模樣，疑有伏兵，所以退去。吾非行險，蓋因不得已而用之。吾兵只有二千五百，若棄城而走，必不能遠遁，得不為司馬懿所擒乎？」

在「空城計」賽局中，司馬懿兵多將強，幾乎所有「勝算的把握」都在他的手裡，諸葛亮唯一的勝算把握就是「資訊」，司馬懿不知道自己和對方在不同行動策略下的支付（或是稱為成本），但是諸葛亮知道。對於司馬懿來說，無論諸葛亮是選擇「棄城」還是「守城」，只要他明確知道自己的支付，諸葛亮就會遭到失敗。

諸葛亮擁有比司馬懿更多的資訊，尤其關鍵的是：他知道自己兵力微薄，但是司馬懿對此卻一無所知。諸葛亮唯一的迎敵方法就是傳遞給對方錯誤的資訊，例如：偃旗息鼓、大開城門、焚香操琴，讓對方無從瞭解和判斷自己的策略選擇。他採取的空城計實際上就是從心理上降低司馬懿進攻的可能收益，使司馬懿感覺進攻有很大失敗的可能，認為相比於「進攻」而言，「撤退」更合理，或是說期望效用更大，是其佔優策略，結果是諸葛亮得以逃脫失敗的下場。

此計是建立在賽局論的猜心之術的基礎上，其成功實施需要考慮兩點：一是建立對方的思考模型，例如：對布局的偏好、作戰策略的特點；二是建立的模型應該包括對方對自己特點的考慮。結合上述兩點，進一步推論出對方的謀略。

現在，我們就用賽局論從上述兩點來分析諸葛亮的空城計，在實施之前是否可以達到其最佳效果——騙過司馬懿。首先，諸葛亮在建立對司馬懿思考模型的時候，考慮到司馬懿行事穩重；其次，諸葛亮建立的模型中，包括司馬懿對自己（諸葛亮）特點的考慮，司馬懿對自己的判斷是基於以前的認識（即「歸納法」，它是人們認識和總結客觀事物規律的一種方法），認為自己「平生謹慎」，行事一貫小心，料定我不肯冒險，只有設下埋伏才可能如此鎮定自若。綜合考慮上述兩點，諸葛亮要猜測司馬懿會如何決策，是「攻城」還是「退兵」。

在被逼無奈的情況下，諸葛亮雖然改變自己謹慎的用兵策略，但是他對策略成功的實施還是有一定的把握。因為諸葛亮抓到司馬懿心理上的弱點：思考問題過於小心謹慎。很自然的，此計可以成功。

司馬懿因為過於小心謹慎而錯失活捉諸葛亮的機會，雖然是一個不小的遺憾，但不是致命的錯誤。作為交戰中實力佔優勢的一方，他知道自己可以透過曠日持久的消耗戰來拖垮對方，沒有必要在局面不明的情況下，冒自己可能誤中對方的埋伏而被活捉的風險。事實證明，後來他也是這麼做。司馬懿選擇保守的「退兵」策略，雖然放走諸葛亮很遺憾，但是比自己有可能做俘虜更好。

空城計已經是被人們廣為傳頌而人盡皆知的經典故事，但是需要注意的是：此計通常只能使用一次，連續使用兩次恐怕會失去其應有效果。以下，我們來講述一個有關「空城計失靈」的故事：

從前，有一個「三國迷」。有一天，「三國迷」所在的村莊請來一個戲班，唱的就是「三國迷」最喜歡的《空城計》。他想要去看戲，可是沒有人看家怎麼辦？不能因為看戲而使家裡失竊吧？他在屋裡踱來踱去，左腦想著日夜思念的《空城計》，右腦想著怎麼做才可以看戲看家兩不誤。猛然間，他茅塞頓開，「真是聰明一世，糊塗一時，為何不用『空城計』啊？」鑑於諸葛亮成功的先例，他敞開大門，把兩個大紅燈籠高掛在門口兩側，屋裡屋外也是明燈燭火，然後袖子一甩，安心的去看戲。

「三國迷」看完《空城計》回來，把家裡所有的東西清點一遍，線沒有少一條，針沒有少一根，「諸葛亮真是神人啊！」他讚不絕口的感嘆。

時隔不久，村裡又來一個戲班。這一次，「三國迷」想也沒想，敞開大門，點起蠟燭燈籠，就去看戲，一邊走一邊得意，自己真是聰明極了。

與上次一樣，他看完戲之後就回家。與上次不同的是，這次屋裡屋外被人搜刮一空，家裡的大門也被小偷卸掉。見此情景，他不禁放聲大哭，一邊哭一邊罵諸葛亮是「大蠢貨」。他的動作很大，引來許多街坊鄰居。鄰居中有一個講三國的說書人，在明白事情緣由以後，開導勸解他：「不要罵了，諸葛亮哪裡是大蠢貨啊，你仔細看看，諸葛亮什麼時候用過兩次空城計啊？」

「三國迷」聽了，不知道如何對答，只能愣愣的站在那裡……

歸根結柢，「空城計」就是在玩資訊不對稱，這種賽局策略是「一次性」的，只可以使用一次，對方（故事中的「小偷」）可能一時無法看出你的破綻。你第二次使用的時候，「空城計」的真諦——資訊不對稱就會被打破，你也會必敗無疑。

巧施離間，智取長平

資訊不是一個固定不變的常量，而是一個隨時都在發生變化的變數。既然如此，我們應該把握和利用它的這個特點，透過不斷調整自己的資訊策略，讓對手對自己的資訊無從掌握，無法跟上自己的變化。只有這樣，才可以確保對手永遠無法知道自己下一步要如何行動，自己永遠處於主動地位；只有這樣，才可以一方面掌握對手的資訊和策略，另一方面隱藏自己的資訊和真實意圖。這似乎有些不按牌理出牌的意思，但這是十分有效的資訊賽局方式。

西元前二六五年，范雎為秦國客卿，提出著名的「遠交近攻」外交策略，秦國連續四年不間斷的攻打韓國。西元前二六二年，秦昭王派大將白起攻打韓國，佔領野王郡（今河南沁陽），使韓國上黨郡（今山西長治西南）完全和以韓國都城新鄭（今河南新鄭市）為中心的韓國本土隔絕。韓惠王在秦軍凌厲的攻勢下焦頭爛額，想要獻出孤懸的上黨郡向秦國求和。上黨郡守馮亭不願意降秦，但是又無力抗秦，為促成與趙國聯合抗秦的局面，就把上黨郡十七縣獻給趙國。趙國接受上黨的降附，遣名將廉頗揮重兵進駐戰略重鎮長平（今山西高平市），以便鎮撫上黨之民。趙國虎口奪食，置秦國霸權於不顧，深深激怒強秦。於是，秦國以此為藉口，派左庶長王齕率軍轉而進攻長平，長平大戰就此爆發。

老將廉頗率領趙軍主力抵達長平以後，立刻向秦軍發起攻擊。由於秦軍勢大，趙軍連戰不利，二鄣四尉皆失，損失很大。極富實戰經驗而老成持重的廉頗鑑於敵強己弱而初戰失利的形勢，及時改變戰略方針，決定轉攻為守，把軍隊有組織的撤回丹河東岸，準備依靠佔據的有利地形（除了有水寬谷深的丹河可憑以外，還有大糧山和韓王山兩大制高點，可以鳥瞰數十里丹河兩岸，敵我動靜瞭若指掌），構築城壘固守，以圖挫動秦軍銳氣，使其陷入疲憊之中。秦軍雖然勇武善戰，多次挑戰，怎奈廉頗行軍持重，堅築營壘，遲遲不與秦軍決戰。廉頗的策略獲得成功，兩軍對峙於長平近三年，仍然難分勝負。秦軍的進攻氣勢被遏抑，秦國君臣將士焦躁萬分，卻束手無策。

秦軍遠道而來，糧草輜重補給維艱，難以持久；趙軍以逸待勞，補給可以源源而來，又有上黨吏民的全力合作與支持。這就決定秦軍最好採取速戰速決的策略，趙軍以進行持久戰為上策。

秦相應侯范雎清楚的認識到，兩軍繼續相持下去的嚴重性，作為出色的謀略家，他很快找到問題的癥結。秦軍如果想要打破僵局，速戰速決，就要設計除掉老將廉頗。於是，范雎派遣心腹門客，從便道進入趙國都城邯鄲，攜千金向趙國權臣行賄，並且散布流言：「秦之所惡，獨畏馬服子趙括將耳，廉頗易與，且降矣。」—（「秦軍最懼怕的是馬服君趙奢之子趙括，如果拜他為將，秦軍恐難勝之。廉頗老而怯，容易對付，現在已經不敢出戰，快要投降了。」）從這個時候開始，秦國與趙國之間的資訊賽局就開始了。

趙孝成王年少氣躁，軍事知識貧乏，對於先前廉頗連吃敗仗而損兵折將已經不滿，又認為廉頗後發制敵和堅壁固守的戰略為不敢戰，更是怒不可耐，因而聽信於秦國所施反間計的謠言，疑心大起，不辨真偽就走馬換將，派「紙上談兵」的趙括取代廉頗為上將。

此時正式進入資訊賽局的對局中，趙王接受的資訊是：為戰勝秦軍，應該任用趙括為上將。趙王成為不對稱資訊賽局中虛假資訊的承受者，這正是范雎所用反間計要達到的效果。秦國實際上是真實資訊的掌握者：趙國如果繼續任用廉頗為上將，秦國取勝之路就會十分艱辛，因此就要想盡辦法讓趙國改易將帥。

趙括雖然精通兵法，但是徒讀經文書傳不知變通，只會空談兵法，毫無實戰經驗，又是剛愎自用而好勝逞強之輩。剛上任，就推翻老將廉頗的部署，全盤廢棄廉頗堅壁固守的戰略，而且任意更換將校，調換防位，使得全軍上下人心浮動，戰力下降。

范雎探知趙國已經掉進圈套——命令趙括為將，就與昭王奏議，暗中派武安君白起為上將軍，表面統帥王齕卻為尉裨將，並且約令軍中：「有敢洩露武安君為將者斬！」范雎之所以要秘密調換將帥，目的就是使敵人鬆懈其志，以期出奇制勝。

白起是戰國時期久經沙場的名將，能征善戰，智勇雙全。這樣一來，戰爭形勢就由以久經沙場而老成持重的廉頗為主將的趙軍，對以年輕氣盛而缺乏實戰經驗的王齕為主將的秦軍的格局，轉變為由以年輕氣盛而缺乏實戰經驗的趙括為主將的趙軍，對以久經沙場而老成持重的白起為主將的秦軍的格局，註定戰局向利於秦而不利於趙的方向急轉直下，弱趙與強秦三年的僵持而平衡的局面被打破。

白起到任以後，面對沒有實戰經驗、只會紙上談兵、魯莽輕敵、聽信謠言、高傲自恃的對手趙括，決定採取後退誘敵而困敵聚殲的戰略方針，於是做出以下部署：

一、命令前沿部隊擔任誘敵任務，在趙軍進攻的時候，佯敗向主陣地長壁撤退，誘敵深入。

二、利用長壁地形縱深構築袋形陣地，將主力配置於此，準備抵擋趙軍的進攻。

三、組織一支精銳突擊隊，楔入敵人先頭部隊與主力之間，伺機割裂趙軍，以消耗趙軍有生力量並且挫傷其銳氣。

四、另以精兵二萬五千人埋伏在兩側翼，繞道出擊趙軍的後方，切斷其退路，完成對其合圍。

五、最後用騎兵五千秘密潛入趙軍防禦陣地中，牽制和監視留守軍士。

兩軍交戰，戰爭形勢果然按照白起預計的方向進行。趙括在不明虛實的情況下，貿然出兵攻擊秦軍。秦軍佯敗後退，趙括大喜過望，窮追不捨，前進到秦軍的預定陣地——長壁以後，遭到秦軍主力的頑強抵抗，攻勢受挫。趙括誤中奸計，打算退兵，但是被秦軍暗中設下的兩翼奇兵箝制，阻斷糧草，團團圍困趙軍於長平。秦軍又派輕騎兵不斷騷擾趙軍，趙軍連戰不利，情勢十分危急，被迫就地構築營壘，等待救援。秦昭王聞報，親臨河內督戰，把全國十五歲以上的壯丁悉數調往長平，傾全國之力與趙軍作戰。

趙軍陷於重圍四十六天，饑餓不堪，士兵甚至割死屍，宰戰馬，自相殺戮以取食，慘不忍睹。趙括迫不得已，重新集結部隊，集中所有精銳部隊分成四隊，輪番突圍不遂，自己也被亂箭射死。

長平一戰，趙括軍隊大敗，四十萬士兵投降白起。但是白起使詐，認為「前秦已拔上黨，上黨民不樂為秦而歸趙。趙卒反覆。非盡殺之，恐為亂。」於是，除了年老和年幼者二百四十人放還趙國報信以外，其餘全部坑殺，用以震懾趙人之心。這應該是中國古代戰爭史上最悲慘的一頁。

統兵打仗不僅是力量的交鋒，更是兩軍主將智力的對峙。為了取得勝利，雙方都會想盡辦法設下各種陷阱，如果稍有疏忽，就會使自己全軍喪生。趙王正是誤中范雎所施的離間計，改換老將廉頗為毫無實戰經驗的趙括領軍，在關鍵的資訊一環上輸給秦國，戰爭的結局也可想而知。

巧識廬山真面目

如何從眾多資訊中提取和辨別有用資訊，是賽局論面對的一個問題。聰明的賽局參與者會不斷放出煙幕彈迷惑對方，如果其他參與者對對手傳遞的資訊不加判斷驗證的全盤接受，就有可能進入對手設計的迷局中。針對此種情況，引用最多的一個例子是「所羅門王斷案」的故事。

所羅門是西元前九〇〇多年以色列國的國王，是大衛王的二兒子。他是一位機智果斷、聰明過人，而且非常英明的君主，被人們讚譽為「智慧之王」。他曾經處理許多案件，至今仍然膾炙人口，被人們傳誦不衰。

有一天，所羅門王端坐在金殿的寶座上，兩個女人為爭奪一個孩子而吵鬧不休，最後吵到所羅門王那裡，讓所羅門王裁決。

其中一個女人說：「陛下，我和這個女人同住在一個屋裡，房間裡沒有別人。我生下一個孩子，兩天之後，她也生下一個孩子。她睡覺不注意，把自己的孩子壓死，趁半夜在我睡覺的時候，把她的死孩子跟我的孩子調包。要餵奶的時候，我發現自己懷裡的孩子是死的。仔細一看，躺在我懷裡已經死去的孩子不是我親生的啊！」

另一個女人也不甘示弱：「不對，她血口噴人，是她把自己的孩子壓死，卻反咬我一口。活孩子是我的，死孩子是她的。」

「活孩子是我的。」「胡說，死孩子是你的。」……兩個女人你一句我一句，吵得不可開交。

所羅門王聽完事情的經過，也是束手無策，端坐沉思很久，最後喝令她們不要吵，吩咐僕人拿刀來，然後對兩個站在殿下的女人嚴肅的說：「你們都說活著的孩子是自己的，但是沒有人證和物證來證實這個孩子確實是自己的，就把孩子劈成兩半，一人一半，這樣就公平了。」僕人即將執行所羅門王的命令。

其中一個女人無動於衷，同意這個方法，認為所羅門王很公平，但是也有些不情願的說：「陛下英明，這個孩子既不給我，也不給她，劈了好了。」

另一個女人頓時嚇得面如土色，已經淚流成河，聲嘶力竭的哀求：「親愛的所羅門王，我不要孩子。把孩子給她吧，我是說謊者，千萬不要劈開那個可憐的孩子。」

此時，所羅門王心中已經有答案，他知道心疼孩子的那個女人才是孩子的親生母親。所羅門王對哭泣的婦人說：「你才是這個孩子的親生母親，因為任何母親都不會忍心傷害自己孩子的性命，寧願委屈的讓出孩子。」所羅門王立刻命令僕人把孩子還給她，並且把那個爭孩子的假母親抓起來，重重懲罰。

然而，所羅門王的這個策略是不可重複的。只有在兩個爭吵的婦人不知道所羅門王說話的真正意圖的情況下才會奏效，才會表達出各自的真正偏好：親生母親首先希望孩子活著，其次才是擁有孩子，讓孩子回到自己身邊；假母親首先關心的是要贏得這場官司，孩子的歸屬與死活居於第二位。

用這種智慧判案不是西方人的專利，在中國古代也有一個類似的傳說，這個傳說中的「所羅門王」就是大名鼎鼎的包拯。

包拯眼下這個很棘手的案件主角，也是兩個哭哭啼啼的婦人，她們都要青天大老爺為自己做主，案情也是兩個婦人爭奪一個孩子。包拯眉頭一皺，計上心頭，提出一個看似荒唐的斷案方法：兩個婦人各自抓著小孩的一隻手，拼命往自己的懷裡拉，誰把孩子拉到自己的懷裡，誰就是孩子的親生母親。

孩子被兩個婦人拉得咧嘴大哭，其中一個婦人頓時心痛，淚如雨下，無可奈何的放手。另一個婦人置孩子哭聲於不顧，拼命將孩子拉過去。結果很明顯，真正的母親就是心疼孩子而放手的那個婦人，她最後得到自己的孩子。正義在包拯這裡得到伸張，是非在事實面前得到明辨。

以現代訴訟法看來，這兩個案件沒有任何證據，似乎是一個無法得到真相的謎團。作為一個案件，沒有自訴人，也沒有被告人，但是法律規定提出訴訟要求的一方應該承擔舉證責任，如果訴訟方不能舉證，就會面臨敗訴。如此一來，將會使得骨肉不能團圓，正義無法伸張。

這兩個聰慧的斷案者並未拘泥於直觀而刻板的證據，而是看到另一種不容易被人們察覺的「無形」證據──人之常情：為母者，必愛其子，不忍心其受劈受痛。誰真正站在孩子的角度考慮，心疼孩子，誰就是孩子的親生母親。

從賽局論角度來看，所羅門王和包拯在斷案的時候使用的方法被稱為「機制設計」。所謂機制設計，就是指裁判者設計一套賽局規則，讓不明真相的參與者做出不同的選擇，透過他們的選擇情況，可以推演出他們隱藏在內心的、別人無法觀察到的、他們所屬的真實類型，進而看清其「廬山真面目」。

此種「機制設計」用專業術語來說，就是「資訊辨別」。事件委託人（通常為賽局局外人，一般指裁判者）制定一套策略，讓代理人（賽局參與者）進行選擇，然後事件委託人再根據代理人的不同選擇，將其區分為不同的類型。

掩耳盜鈴的古董商

「經濟人」擁有完全資訊，是傳統經濟學中的一個十分重要的基本假設。但是在現實生活中，市場主體因為各種原因，不可能佔有完全的市場訊息，大多數情況都是處於資訊不對稱（當局者對有關資訊的瞭解有差異）的賽局中。

資訊不對稱理論認為：在市場中，賣方比買方更瞭解有關商品的各種資訊。一般而言，掌握資訊比較多的一方往往處於有利的地位，可以透過向資訊貧乏的一方傳遞非真實資訊而在市場中獲益；資訊貧乏的一方處於不利的地位，但是會努力從另一方獲取資訊。資訊不對稱會損害資訊相對缺少的一方的利益，為減少資訊不對稱對經濟產生的危害，政府應該參與其中，在市場體系中發揮強有力的調整作用，促使社會經濟向公平公正的方向發展。

一個古董商去一個偏僻的農村尋找寶物。在一個農戶家裡，他突然發現地上擱著的貓食碗是一個極其珍貴的茶碟。商人的奸詐使得自己並未將這個資訊表露於臉上，而是裝作若無其事的模樣，逗弄旁邊正在閉目養神的貓，一副對這隻貓愛不釋手的神態。過了一會兒，古董商向這家主人表示自己非常喜歡這隻貓，想要買下牠。

貓主人不賣，古董商想要得到那個珍貴的貓食碗，不惜再次提高本來已經很高的價錢。最後，古董商開出「天價」，貓主人同意將貓賣給古董商。

買貓生意成交之後，古董商裝作隨意的模樣，對這家主人說：「牠已經用慣這個貓食碗，一個碗也值不了多少錢，一起送給我吧！」貓主人這次堅決不要，回絕古董商：「不行，你知道我用這個碟子已經賣出多少隻貓嗎？」

這就是一個典型的「資訊不對稱賽局」的例子。古董商掌握「貓食碗是古董」這個資訊，自作聰明的認為貓主人不知道，這種「資訊不對稱」對自己有利。可是事實正好相反，貓主人不僅知道，而且將計就計，利用古董商「認為對方不知道」的錯誤資訊大賺一筆，才是真正的「資訊不對稱」！

任何人不可能對所有事情全知全覺，遇到「資訊不對稱」的困境幾乎是不可避免的。應該怎樣減少資訊不對稱造成的劣勢？最有效的方法是：賽局參與者在行動之前，盡可能多的掌握相關資訊，建立自己的「資訊庫」。例如：人類擁有的知識和經驗，都是十分有用的「資訊庫」。雖然我們不知道將來會發生什麼情況，但是掌握的資訊越多，正確決策的可能性越大，決策成功率就會越高。

在一個賽局中，資訊掌握得越多越好，但是它也會不斷變化，賽局參與者千萬不要死守「資訊越多越好」這個規則不放，而是要具體問題具體分析，及時更新資訊，淘汰已經過時的資訊。

有一個賣草帽養家糊口的人，有一天他叫賣歸來，感覺很累，剛好路邊有一棵大樹，他就把草帽放在樹下，靠在樹上打瞌睡。可是，等到他醒來的時候，嚇了一跳，放在身旁的草帽全部不翼而飛。抬頭一看，樹上有很多猴子，每隻猴子的頭上都戴著一頂草帽。怎樣才可以從猴子手裡奪回草帽？硬搶絕對不行，追不上猴子不說，就算追得上，那麼多猴子，牠們不會等著自己一個一個去追吧？

突然，他想起猴子喜歡模仿人類的動作，於是舉起自己的左手，猴子也舉起左手；他兩手舉起，做出一個伸懶腰的動作，猴子也跟著照學。然後，他把自己頭上的帽子拿下來丟在地上。眾猴不知是計，也和先前一樣，將自己頭上的帽子丟在地上，賣草帽的人高興的撿起帽子回家。

後來，他將這件事情作為笑話，說給自己的兒子和孫子聽。幾年以後，賣草帽人的孫子繼承他的家業。爺爺與猴子的故事又重演，他在一棵大樹下休息的時候，猴子又搶走他的草帽。孫子想到爺爺曾經告訴他的方法，不慌不忙的取下自己頭上的帽子扔在地上。可是，結果卻不是爺爺告訴他的那樣，猴子不僅沒有照著他做，還把他扔下的帽子迅速的撿走逃開。猴子跳到樹上，得意的對孫子說：「騙誰啊！你以為只有你有爺爺嗎？」孫子傻眼了。

這個寓言就是告訴我們不斷獲得最新資訊的重要性。其實，古人所說的「知己知彼，百戰不殆」的「知己知彼」，就是強調賽局中的資訊對稱，這是正確決策的前提。緊接其後的「不知彼而知己，一勝一負；不知彼不知己，每戰必殆」的「不知彼而知己」或是「不知彼不知己」，都是指我們在賽局中所說的資訊不對稱的情況，在此基礎上做出的決策恐怕難以取得勝利。

「知己知彼，百戰不殆」是一種現實的人生智慧，是一種決策的制勝方略，適用於社會生活的各個領域。身處生活中的每個賽局的時候，我們應該放開耳目，透過許多管道獲取對方資訊，不能僵化保守而刻舟求劍，或是像以上寓言中，賣草帽人的孫子那樣使用靜態不變的思維，運用已經被淘汰的資訊去做出讓自己失敗的決策。

維克里拍賣法

何謂「資訊」？簡單來說，資訊就是消息。讀過的書，經歷過的事情，看到的萬物，聽到的別人經驗……這些都是資訊。對人類而言，五官就是資訊的接收器，它們感受到的一切，都可以稱為「資訊」。

但是，隨著社會的不斷發展，還有許多資訊是我們的五官無法直接感受的，人們正在透過發明各種科學儀器去感知和發現。資訊可以交流，也可以被儲存，更重要的是：資訊可以被人類決策所使用。

對於主要研究領域之一的不對稱資訊條件下的拍賣問題，威廉・維克里教授（美國哥倫比亞大學榮譽教授，一九九六年諾貝爾經濟學獎得主）創立「維克里拍賣法」，即「二級密封價格拍賣法」。

提起拍賣，我們通常想到的是傳統的拍賣會，也可以說是「英式拍賣法」。它大概是這樣的情況：一個拍賣師站在台上，一隻手舉著一件交易物，另一隻手拿著一柄用以定價的拍賣錘，台下是等著出價的投標者。輪流出價，誰出價最高，交易物就歸誰。買主最後實際支付的價格，也是其買到交易物叫出的最高價格。可是你是否想過，這種拍賣規則有一個弊端，會使得投標者為了自己的利益考慮而可能說「假話」，交易物不能按照買主們心中的最高價格賣出。

例如：一個投標者的底線是一百萬元，但是只要次高價叫到九十萬元，他只要喊出九十一萬元，就可以買到在自己心中價值一百萬元的拍賣物，絕對不會喊出一百萬元。由於是公開競價，容易出現買主們合謀壓價的圍標問題。如何避免傳統拍賣規則的這個弊端，讓投標者喊出真實的資訊？這就要提到我們所要說的「維克里拍賣法」。

針對上述問題，維克里教授小試牛刀，運用資訊經濟學原理，設計一個新的拍賣機制——維克里拍賣法。

在這種拍賣中，透過不公開招標，讓每個投標者把願意出的價格寫在紙上裝入信封，密封以後交給賣主。所有信封打開以後，出價最高的投標者得到交易物，但是實際支付的價格卻是第二位出價最高者的價格，即實際支付第二拍賣價格。

這個制度會誘使每個投標者如實吐露出自己願意支付的真實價格，因為出價多少將會直接影響到自己是否可以得到交易物，但是對實際支付價格沒有影響。這種拍賣法現在已經被廣泛用於許多商品的銷售。

例如：有一件古董要拍賣，現場有許多參加拍賣的投標者。在每個買主心中，都會對這件古董做出一個價值評價。但是賣主不知道各個買主的價值評價，買主也不知道其他買主的價值評價。

按照傳統拍賣法進行拍賣的過程，我們之前已經說過，在此不再贅述。接下來，我們要分別講述其他兩種拍賣法：「一級密封價格拍賣法」和「維克里拍賣法」。

「一級密封價格拍賣法」的拍賣規則是這樣的：

每個投標者將其出價寫在紙上，裝入一個信封內，密封以後交給賣主。賣主拆開信封，比較價格，將古董賣給出價最高的買主，買主實際支付的價格也是這個最高價格。相比傳統拍賣法而言，這種拍賣法可以有效避免圍標問題的出現，缺點是古董無法按照投標者心中最高的價值評價賣出，因為買主不會誠實寫下心中最高的價值評價，而是會寫下比心中最高的價值略低的價格，以期獲取一個價值與價格之間的差額收益。相反的，如果投標者寫下心中最高的價值評價，人類的貪婪本性會使自己覺得即使成交也沒有賺頭，所以會不約而同的寫下比心中最高的價值略低的價格。

「維克里拍賣法」的拍賣規則設計，有效避免上述兩種拍賣方法的缺點，使它不僅可以避免公開競標下的投標者圍標，也可以彌補「一級密封價格拍賣法」的缺憾——誘使投標者誠實寫下自己心中的真實價值評價。

對每個投標者來說，因為是以次高價作為購買古董的實際支付價格，這個價格不會隨自己寫下的價格而變化，因此只要自己寫下的價格越高，獲勝的可能性就會越大。但是出於生意人的本質，投標者絕對不會寫下比自己心中的價值評價更高的價格，進行得不償失的買賣，只能誠實寫下自己對這件古董的最高價值評價。

在維克里教授設計的機制下，說實話比不說實話好。投標者寫下的真實價值評價與實際支付的次高價之間的差額，就變成對說實話者的獎勵。二十世紀七〇年代，美國聯邦政府就是運用「維克里拍賣法」進行公共工程的招標，為聯邦政府節省大筆開支。

在現實經濟競爭中，有些商品的電視廣告只有明星的表演，沒有產品的價格資訊，也沒有其售貨地點資訊，這是什麼用意？這也可以用賽局論中的「信號傳遞賽局」原理進行解釋。

在人們的常規意識中，通常會認為產品之所以要打廣告，其目的就是向消費者介紹這個商品的功能和特點，並且傳遞一些必要的購物資訊，例如：商品價格、出售地點、日期。但是現代廣告不局限於此，更多是為了引導消費者消費，創造新的消費理念，尤其是市場上尚未有的新產品出現的時候，其商業廣告通常會完全顛覆傳統廣告中傳遞產品資訊的做法，以一位當紅的電影明星或是電視明星用這個產品表演一番，同時顯示產品的商標，其目的就是利用消費者「追星」心理，開拓產品的消費市場。

邀請當紅明星做產品代言人，可以向外界傳遞兩個資訊：

一是這個產品一定不錯，不然明星怎麼會用它？這樣一來，不用花太多口舌介紹產品功能，這位明星的「粉絲」就會迫不及待的搶購。

二是由於邀請當紅明星，其代言費不是一筆小數目，可以傳遞一種暗示給消費者：這家企業是實力強大並且生產優良產品的企業。這種資訊的價值就在於：其邀請的當紅明星的高代言費是企業實力的象徵，這樣也可以清除潛在的市場模仿者。

第六章：賭徒賽局

每個人都不滿足於自己的財產，促使自己有強烈的欲望想要佔有更多的財富；每個人都滿足於自己的聰明，導致自己想要運用自己的智慧去投機取巧，變「智力」為「金錢」。集兩者於一身的遊戲——賭博，就讓這些人熱衷不已。

賭博活動中潛藏兩種快感，一種是贏得暴利，一種是輸得精光。在一定程度上，賭博參與者對於賭局的可能結果有非常理性的預期，但是在其他因素的驅動下，或是為了追求某種心理上的刺激，就會不自覺的置身於賭場中。

孤注一擲，棄商從政

作為商人，其根本目的就是賺取財富。可是，同樣是以賺錢為目的，結果卻大相徑庭，有些商人賠本，有些商人賺小錢，有些商人賺大錢，究竟是為什麼？這就是經濟學中所說的成本─收益的關係。戰國時期的商人呂不韋深諳此理，一個秦國公子異人加上一個太子妃華陽夫人，等於整個秦國成為囊中之物，這就是他當年把做生意的賺錢規則，活用到扶持一個帝王獨攬天下大權，最終成就一番事業。

呂不韋，戰國末年衛國濮陽人，原籍陽翟（今河南禹州）。呂不韋與父親都是陽翟的商人，平日往來各國，因為「販賤賣貴」（低價買進，高價賣出）而「家累千金」（累積千金的家產）。年輕的衛國商人呂不韋，為了擴大自己的生意，躊躇滿志的來到世風淫迷的趙國都城邯鄲。他無意中打聽到一個消息：自從澠池之會上，趙國的藺相如以驚人的膽略挫敗秦王的外交攻勢之後，迫使秦昭王把孫子異人送到趙國作為人質。作為人質的異人，不僅乘坐的車馬和日常生活的條件不富足，生活困窘，而且行動上還要受到監視，身邊又沒有親人和朋友可以談心，因此終日鬱鬱寡歡，愁腸百結。

異人是秦國太子安國君的兒子，安國君有二十多個兒子，但都是嬪妃所生，沒有嫡生之子。眾妃之中，安國君有一個非常寵愛的妃子，稱為華陽夫人，但是華陽夫人沒有兒子。異人之母叫做夏姬，不受寵愛，所以異人被送到趙國做人質，幾乎被秦國所有人遺忘。秦國多次攻打趙國，趙國對異人也不以禮相待，將他軟禁並且命令大夫公孫乾監視其出入。

雖然呂不韋是一個非常成功的商人，但是他深感古代商人社會地位低下。在亂世爭霸的年代，秦孝公啟用商鞅變法使國力逐漸強盛，成為戰國七雄中的頭等強國，因此他萌發去秦國從政的雄心。得知異人在趙國做人質的消息以後，商人特有的機敏和直覺驅使他去見異人，並且認為這是自己棄商從政的難得機會。

於是，呂不韋前去拜訪異人，只見異人面如敷粉，唇若塗朱，雖然在落魄之中，卻不失貴人之氣。呂不韋見了非常喜歡，心裡想著：「異人就像一件奇貨，可以囤積居奇，以待高價售出。」（成語「奇貨可居」的出處）。

呂不韋在精神上對異人百般安慰，為他分析當時的形勢，並且肯定的說：「未來代替周朝管轄天下的非秦國莫屬，令尊安國君即將繼位，令尊安國君在所有姬妾中最寵愛的是華陽夫人。華陽夫人沒有兒子，如果你獲得華陽夫人的歡心，作為她的嗣子，就有可能被立為太子。這樣一來，秦國的國君就是你。」異人聽了之後，全身熱血沸騰、激動不已，長嘆一聲說：「只是我現在作為人質，就像籠中之鳥，縱有這個機會也是枉然啊！」呂不韋見時機已經成熟，試探著說：「我呂不韋雖然不算富有，但願意拿出千金來為殿下趨秦遊說，侍奉安國君及華陽夫人，讓他們拯救殿下回國。」異人叩頭拜謝道：「真的如先生所說的，我得到秦國後願意和你共用秦國的土地。」

呂不韋急回家中，與其父密謀。呂不韋問：「農夫耕田之利有幾倍？」其父答：「十倍。」呂不韋又問：「販賤賣貴之利有幾倍？」其父答：「百倍。」呂不韋接著問：「擁立一個國家君主之利又是幾倍？」其父感嘆的說：「其利無窮！」

呂不韋便將他得知的消息和他的觀察詳細的向父親陳述了一遍。呂不韋說道：「農夫勞作一年，還弄不到暖衣餘食的地步；商賈東竄西跑，披星戴月，也不過苟且而已。而我準備擁立一個國君，既可光宗耀祖，又可恩澤後世，請求父親的允許。」其父許之，家中資財，悉數歸他支用。

呂不韋高興萬分，基於秦國公子異人目前的處境，和秦國太子安國君的寵妃華陽夫人的難言之隱（受到安國君之寵，貴不可言，不幸的是，她不能生育），開始了他的賭博之路。呂不韋不惜血本，先拿出五百兩黃金送給異人，作為他日常消費和交結賓客之用；又拿出五百兩黃金買得珍奇玩物，前往秦國首都咸陽遊說。

呂不韋首先拜見華陽夫人的姐姐，送上一份厚禮，並對她說：「王孫異人在趙國，把華陽夫人當作天一般，日夜哭泣思念太子和夫人。給太子和華陽夫人帶些孝順禮物，托我轉交。

此些小禮，異人奉獻姨娘。」呂不韋說完，又將價值五百兩黃金的珠寶獻上，說：「王孫不能親自侍候太子和夫人，為表孝順之心，特獻上薄禮一份。」華陽夫人的姐姐收下禮物，非常高興。

呂不韋見此乘機又說：「俗話說『以色侍人者，色衰而愛也衰弛』（用美色來侍奉別人的，如果色衰，寵愛也就隨之減少），如今夫人甚得太子寵愛，但卻沒有兒子。應該趁早在太子的這些兒子中挑選一個有才能而孝順的為子，像親生兒子一樣對待他。那麼太子百年之後，她所立之子繼位為王，最終也不會失勢了。否則，等到容貌盡失，寵愛失去，後悔就來不及了。今異人聰明賢能，所結交的諸侯賓客，遍及天下。異人自知自己在兄弟中排行居中，按次序是不可能被立為繼承人的，況且其生母又不受寵愛。現在他心甘情願依附於夫人。夫人如果真能立異人為嫡子，豈不是一生在秦國都可以受到尊崇。」

華陽夫人的姐姐將呂不韋所說的話，都轉達給華陽夫人。華陽夫人聽了這些話後，也這樣認為：隨著歲月的消磨，她的寵妃位置就像疊起來的雞蛋，很有可能會逐漸鬆動下滑，成為一攤摔碎的雞蛋，一文不值。於是，華陽夫人趁著夜裡與太子安國君對飲時，突然涕泣俱下，哭著說：「我有幸在後宮為妃，但非常不幸的是沒有兒子，在你所有的兒子中，異人賢孝無比，且有雄才大略，賓客來往，讚不絕口。我希望能立異人為我們的嫡子，以便我日後有一個依靠。」

安國君答應了，並和華陽夫人刻下「嫡嗣異人」的玉符，從中剖開，跟華陽夫人各留一半，以為信物。呂不韋又向安國君保證說一定不惜千金家產，賄賂趙國之人，救王孫異人回國。安國君和華陽夫人聽後十分高興，交給呂不韋萬兩黃金，又拜呂不韋為異人太傅。呂不韋馬不停蹄的趕回了趙國都城邯鄲。

秦昭王五十年，秦派兵圍攻邯鄲，情況非常緊急，趙國準備殺死異人。好在這個消息又被呂不韋得知，呂不韋不惜重金，拿出六百兩黃金送給守城的將吏，秘密的讓將吏幫異人順利逃回秦國。

異人回國之後，立刻拜見太子安國君和華陽夫人。安國君正式宣布立異人為儲君，並賜名子楚，定為王位繼承人。秦昭王五十六年，昭王病歿，太子安國君繼位為秦孝文王，華陽夫人為王后，子楚為太子。秦孝文王繼位一年之後去世，太子子楚繼位，是為秦莊襄王。莊襄王元年，呂不韋被任命為丞相，封為文信侯，河南洛陽十萬戶作為他的食邑。呂不韋家有食客三千，奴僕上萬。莊襄王歿，秦王嬴政即位，軍國大權全部委任於呂不韋，並且尊他為相國，號稱仲父。

呂不韋原本是古代一個毫無社會地位的生意人，因為生意人固有的冒險天性和豪賭心理，促使他苦心經營，耗盡萬貫家財，把「賺錢生意」變成「權力生意」，結果獲得人生最大的成功，權可傾朝，富可敵國，真正實現「名」、「利」雙收。

被逼無奈，揭竿起義

西漢著名歷史學家、思想家和文學家司馬遷曾經說：「人固有一死，或輕於鴻毛，或重於泰山。」既然橫豎都是一死，那何不死得轟轟烈烈？對於秦二世暴政統治下的、不能如期趕到漁陽戍地的陳勝和吳廣來說，「不反」是必死無疑（因為按照秦法規定，誤了期限就要全部被處死），而「反」則有兩種結果：起義失敗，與「不反」一樣，難逃一死；起義勝利，翻身做主人，從此不再受人壓迫。由此來看，「反」是他們的最優策略選擇。既然如此，何不孤注一擲，放手賭上一把？或許就可以賭出一個燦爛美好的明天。於是，在生命已經被判了死刑的情況下，陳勝和吳廣將揭竿起義作為自己一條新的出路。

西元前二一〇年，秦始皇嬴政病死，其小兒子胡亥即位，這就是秦二世。秦二世胡亥是一個昏庸殘暴的皇帝。在他統治期間，老百姓的徭役賦稅更為沉重，刑法也更加刻毒。老百姓隨時都在饑餓與死亡線上掙扎。

秦二世元年（西元前二〇九年）七月，秦二世下令徵發淮河流域九百多貧民去戍守漁陽（今北京密雲）。雇農出身的陳勝（字涉，陽城人）和貧農出身的吳廣（字叔，陽夏人）都編在隊伍中，被指定為屯長。陳勝從小就有遠大抱負，在他年輕的時候，跟別人一起被人家雇傭耕地。有一次，他們停止耕作走到田邊休息。陳勝悵然嘆息了好長時間，對一起受雇的夥伴們說：「有朝一日富貴了，可不要相互忘記啊！」同伴們笑著回答他：「你受雇給人耕地，哪裡談得上富貴啊！」陳勝長嘆一聲道：「唉！燕雀怎麼能知道鴻鵠的凌雲壯志啊！」

當戍邊隊伍走到蘄縣大澤鄉（今安徽宿州西南）的時候，趕上天降大雨，道路不通，隊伍被阻隔在這裡，不能如期到達戍所。按照秦律，失期當斬，所以人人惶恐。

屯長陳勝、吳廣在一起商量，合計著說：「如今逃跑了被抓回來是死，做一番轟轟烈烈的大事業，就算起來造反不過也是死，同樣是死，何不為國家大事而死？」陳勝又說：「全國百姓長期受秦王朝壓迫，痛苦不堪已經很久了。我聽說現今的二世胡亥皇帝是秦始皇的小兒子，本不該立為國君，而應由長子扶蘇繼位。扶蘇正直，因多次勸諫惹惱了秦始皇，被秦始皇派到邊疆帶兵。胡亥繼位後，嫉其賢能，把沒有罪過的扶蘇殺死了，但大多數老百姓都不知道扶蘇已死。楚國將軍項燕，屢有戰功，愛護士卒，受到楚國人的愛戴，現今也生死不明。現在如果我們假稱是公子扶蘇和項燕的隊伍，宣導天下人反秦，應該會有很多人來響應。」吳廣深以為然。

用宗教迷信組織發動群眾，是中國古代農民起義的一大特色，也是最有效的方法之一。於是，陳勝、吳廣進行占卜。占卜之人知道他們的意圖，對他們說：「你們的事都可以成功，並且可以建功立業。然而，你們向鬼卜問了嗎？」陳勝、吳廣聽後很是高興，又悟出「向鬼卜問」的暗含語為「利用鬼神威服眾人」。於是，陳勝、吳廣用朱砂在帛上寫了「陳勝王」三字，塞進別人所捕的魚肚子裡。當一戍卒買回魚煮著吃的時候，看到魚肚子中帛書上寫的字，覺得很奇怪：起義難道是天意嗎？

陳勝又暗地裡派吳廣潛藏在駐地附近叢林裡的神廟之中，燃起篝火，學狐狸叫，向戍卒們發出「大楚興，陳勝王」的呼聲。戍卒們聽了既驚且怕，又想起白天魚肚子中的帛書，心中的天平越來越偏向於陳勝這一邊。

吳廣平時很關心周圍的人，戍卒中很多人都願意聽他的話。有一天，趁著帶隊的兩個秦朝縣尉喝醉了，吳廣故意一而再、再而三的嚷著要逃走，意欲惹得縣尉發火，侮辱並鞭笞自己。那縣尉果然鞭打了吳廣，士兵們都憤憤不平。縣尉拔出劍來威嚇士兵，吳廣一躍而起，奪下劍，殺死了縣尉。陳勝召集眾戍卒宣告：「各位遇到大雨，都已誤期，誤期是要被處死的。就算僥倖不被殺頭，而戍守邊塞的人十個中也要死去六、七個。大丈夫不死則已，死就要死得其所，王侯將相難道是天生的貴種嗎！」他的話激勵眾戍卒的鬥志，眾戍卒齊聲應道：「一切聽從你的號令。」於是，他們假稱是公子扶蘇和項燕的隊伍，露出右臂，打出「大楚」旗號。又修築高壇盟誓，用那兩個縣尉的首級做祭品祭祀天地。

陳勝自立為將軍，吳廣擔任都尉，提出「伐無道，誅暴秦」的口號，組成一支農民起義軍。中國歷史上第一次大規模的農民起義爆發了。起義軍首先進攻大澤鄉，佔領該鄉以後，接著攻下蘄縣、銍縣、柘縣、譙縣等縣城。起義軍所到之處，貧苦農民響應參加，部隊發展得很快，打到陳縣的時候，已擁有戰車六、七百輛，騎兵千餘，步兵數萬，陳勝被擁戴稱王，國號張楚，這就是中國歷史上第一個農民革命政權。

陳勝、吳廣起義雖然不到一年就敗亡了，也未能推翻秦王朝的統治，但卻點燃農民起義的熊熊烈火，使秦王朝「傳至二世」就在項羽、劉邦等人領導的起義軍的沉重打擊下滅亡。

陳勝、吳廣起義的故事告訴我們，不要被強權所嚇倒而屈服，甘被人當做牛馬使喚，那樣你只能永遠做別人的奴隸；要敢於奮鬥並勇於起來反抗，自己翻身做主人。要謹記：「王侯將相寧有種乎？」強權不代表一切，打倒強權才代表一切！

栽贓陷害，殺女奪位

俗話說：「老虎雖狠，尚無食兒之心。」可是，在中國歷史上的權力爭奪中，父殺子、子弒父這樣的人間慘劇卻屢有發生。一個女人親手掐死自己十月懷胎歷盡痛苦分娩的、還在襁褓中的第一個孩子，而且是一個美麗招人憐愛的孩子。這樣的事情，不是親眼看到的人是不會相信的。恐怕只有心腸比老虎、毒蛇還要惡毒的女人才會做得出來。武則天就是這種為達目的不擇手段，甚至是以自己親生女兒的性命做賭注，來賭自己前程的人，這就是政治投機者的豪賭天性。

比起在經濟上下賭注，在政治上押寶更是一種風險性極高的賭博行為。因為賭博者押上的不僅是身外之物的金錢，還有可能是比金錢更寶貴的性命。

武則天是唐太宗李世民的姬妾之一，十三歲被選入皇宮。在她二十六歲，李世民逝世那年，她只是才人中的一位。唐王朝初期的皇宮姬妾共分為十九級，才人為第十六級。但是，武則天的美貌，卻深得太子李治的歡心。依照皇家規定，已故皇帝的姬妾都要出家削髮為尼，在青燈古佛之下寂寞餘生。處在絕望位置——才人之中的武則天當然也難逃此厄運。她被送往長安的感業寺做了尼姑。如果不是命運之神對她特別青睞，她註定要在空門做一生一世的化外之人，史書上也就不會有「武則天」這個名字。

太子李治即位後，不忘舊日戀情，經常往來於感業寺。這一切被醋意正濃的李治結髮妻子王皇后看在眼中。她當時正跟唐高宗李治的另一位姬妾——蕭淑妃爭風吃醋。為了打擊情敵，她居然別出心裁的想借武則天的魅力扳倒蕭淑妃，就讓武則天蓄上長髮，勸唐高宗李治把她接回宮裡。王皇后企圖利用這條曾從李治手中跑掉的美人魚，把唐高宗的心從蕭淑妃身邊拉過來，但她卻沒有想到高宗的心離開蕭淑妃後會偏向誰。世上也許只有被愛情沖昏頭腦的女人，才會做出如此荒唐的舉動。

武則天聰明伶俐，充分利用著上天賜給她的這個可能出人頭地的難得機會。她的嘴就像可以流出蜜來，不僅對王皇后謙卑有禮，對唐高宗更是百般奉迎，不久便被封為皇后之下、眾妃之上的「昭儀」。王皇后利用武則天擠掉蕭淑妃的目的達到了，但希望高宗回到自己身邊的意圖卻沒有實現。高宗懷中有了好不容易到手的武則天這條美人魚後，就不再去蕭淑妃房中，但是也沒有回到王皇后身邊，而是不分晝夜的和武則天待在一起。

王皇后恍然覺得自己當初走「武則天」這步棋利小弊大，武則天比蕭淑妃要可惡一千倍。之前高宗雖然去蕭淑妃房中的日子多，但是也會不時的來安慰自己，如今連象徵性的、做樣子的程序也免了，一連幾個月都不會進自己房中一次。但等王皇后明白過來的時候已經遲了，她開始為這步傻棋付出代價，並且更大的代價還在後面。

武則天可不是一個省油的燈，她從再次踏進皇宮那一刻起，心中就有了如何一步步追逐自己權力目標的周密計畫。現在既然已經在王皇后的協助下扳倒了一個蕭淑妃，接下來的目標就是自己曾經的恩人——王皇后了。

為了達到扳倒王皇后的目的，武則天可謂費盡心機。剛開始的時候，武則天知道自己地位不穩，還是對王皇后百般奉迎。王皇后生性驕傲，對左右宮女態度嚴厲，因此宮女們多有怨言。武則天便乘機離間她們，慢慢收買了部分對王皇后有怨的宮女。特別是在為高宗生下一個俊俏伶俐的女兒之後，武則天便將自己奪皇后之位的企圖真正的付諸於行動。

第一步，她用重金買通了那些對王皇后有怨的貼身宮女。宮女們得到武則天的賞賜，當然也甘做武氏的耳目爪牙。王皇后的一舉一動，都在武昭儀的掌握之中。她利用王皇后的某些言行，在高宗耳旁進讒言。但是，無論武則天怎樣的巧舌如簧，誇大王皇后的過錯，勸高宗廢掉王皇后，唐高宗始終都沒有廢后的念頭，只是對王皇后的態度逐漸冷淡。

第二步，機敏的武則天開始明白，王皇后沒有大錯，懦弱寡斷又寬厚仁慈的唐高宗，不會動廢后的念頭，唯一的方法就是讓唐高宗自己透過某事來做出推理決斷，武則天在醞釀著這個可以廢后的陰謀。

有一天，機會來了。武則天在宮中閒坐，下人忽報王皇后駕到。原來王皇后近日老不見高宗到自己宮中，而是夜夜留在武則天宮中，就想來這打聽點口風。武則天沒有像以前那樣去奉迎王皇后，而是叫過身邊的宮女密囑數語，自己卻閃入側室躲起來了。

王皇后見武則天不在，便坐下等候，驀地聽到床上嬰兒啼哭。王皇后走進一看，小公主實在長得伶俐可愛，十分討人喜歡，忙抱起來逗引著小公主玩，等小公主睡著了才放回床上，起身離去。

武則天見王皇后走了，就從側室出來，悄悄走到女兒床前，她要施展讓唐高宗下決心廢掉王皇后的陰謀——掐死親生女兒來陷害王皇后。武則天掀起女兒的被子，手伸到女兒柔嫩的脖頸上，有些下不了手。但轉念一想，失去這天賜良機，自己可能一輩子只能做個昭儀，甚至失寵後連昭儀的位置也保不住。想到這裡，她狠下心腸，咬了咬牙，雙手向女兒脖子扼去，小公主哭都沒哭出來，蹬了幾下腿，就不動了。就這樣，武則天活生生的將熟睡中的親生女兒掐死了。然後，武則天仍然用被子蓋好女兒，小公主就像睡熟了一樣安靜。武則天自己為了脫身，也為了調整自己驚恐的心情，便躲到花園中。

唐高宗每日退朝後，必至武昭儀宮中一坐。按往日的習慣，這一天，唐高宗一回到昭儀宮，就先到女兒床邊去逗愛女玩。一掀被子，卻見女兒臉色發青，脖子上還有掐過的手印，活潑可愛的寶貝女兒現在已經變作一個屍體。高宗大怒，高喊「來人」，並令人去傳花園中的武則天。武則天裝作驚慌的模樣趕來，抱著女兒的屍體大哭，嘴裡還呼天喊地罵著：「我往御花園採花，不過片刻功夫，好好的一個嬰孩，怎會被悶死？不知誰這般沒良心……」眾侍女慌忙跪下，齊稱不敢。一句話提醒了高宗，忙問下午有誰來過。宮女如實稟報說：「只有正宮娘娘到此來過，公主啼哭時，娘娘抱起來哄逗了一會兒，等公主沒聲息時娘娘才走。」

武則天一聽，故意頓足大哭，如泣如訴，聲聲抱怨自己命苦無女。唐高宗此時堅信王皇后嫉妒武則天，下毒手謀殺自己的親生女兒，盛怒之下廢了王皇后，正式冊立武則天為皇后。就這樣，武則天利用人們「狼狠也不吃親崽」的傳統思維定式，逆常規而為，親手掐死親生的愛女，順理成章的將殺人罪名栽在王皇后身上，輕而易舉的奪取皇后的寶位。

縱觀歷史，有多少皇帝是子承父業的？可以說，武則天的殘忍不是個別王朝所特有的現象，像這種骨肉相殘的血腥事件，幾乎在每個王朝都出現過。「忠」和「孝」在人的欲望面前、在權力面前變得一文不值，正所謂「權力本是無情物，化作利劍不認親。」

為什麼賭博是壞事？

為什麼賭博被人們認為是一件壞事？包括賭徒自己，雖然他們參加賭博活動，但是他們心裡跟明鏡似的，都知道賭博不是一件好事，只是身不由己而為之。仔細推究，人們癡迷於各種賭局等對抗性遊戲的最根本原因，可能是出於人的「爭強好勝」的天性。賭徒所贏的錢財是透過投機而不是自己辛勤勞動獲得的，所以這個活動要受到社會道德、人文倫理的批判。不過，從經濟學的角度來看，反對賭博的理由也相當充分。

賭博的第一個壞處：賭博是典型的「零和遊戲」，甚至可以說是「負和遊戲」，無法創造任何社會價值。

無論什麼形式的賭博活動，充其量只是一個「零和遊戲」，不會增加任何產出。甚至往往是一個「負和遊戲」，因為賭博活動既耗費了賭徒的時間，也耗費了他們的體力和精力。理性的人應該避免參加賭博活動。

即使莊家不取抽頭，不搞別的花樣（如在賭具上搞鬼，俗話叫「出老千」），賭博活動也只是將金錢毫無益處的從一個人手裡轉移到另一個人手裡。這一特點使得賭博活動既不利於社會公正，也不利於社會良好治安秩序的形成。

賭博的第二個壞處：賭博過程中伴隨著邊際效用遞減效應，即使是機會均等的「最公平的」賭博活動，也是輸方效用的損失比較大，而贏方效用的增加比較小。

邊際效用遞減原理是經濟學中的重要原理，即消費者在消費某一物品時，每一單位物品給消費者帶來的效用是不同的，它們呈遞減關係。例如：我們吃蘋果，吃第一個的時候會覺得它異常香甜；吃第二個的時候，香甜感就沒有吃第一個那麼強了，但還不至於到討厭的地步；吃第三個的時候，就覺得它可吃可不吃；當吃第四個或四個以上的時候，就覺得它不僅不是那麼的甜，而且還有幾分噁心了。此時，蘋果對我們的效用就是負的，不僅不能給我們好處，反而成了我們的負擔。

對當今迫切希望擁有一輛屬於自己的愛車的年輕人也一樣，當他買到了心儀已久的第一輛車時，不僅獲得巨大的心理滿足感，而且還真實的體會到了車帶給他的許多方便。當他買第二輛車時，因為他急切想擁有一輛車的願望已實現，並且他一個人也不能同時駕駛兩輛車，所以這第二輛車帶給他的效用就遠沒有第一輛車大。當然了，這輛車也不是一無是處：第一，它可以達到備用的作用；第二，它還會增加他的炫耀資本。不管怎麼說，整體效用是增加的。

如果他再繼續買車，第三輛車帶來的負效用就會大於其帶給他的正效用。不僅要雇用開車的司機，而且還要準備停車的車庫，同時還要防範竊賊等，而第三輛車除了可以再為他的臉上塗一層金之外別無他用，總之是得不償失。

著名經濟學家保羅・薩繆森曾經說：「增加一百元收入所帶來的效用，小於失去一百元所損失的效用。」就是說對同樣數量的損失和獲利，人們的感受是不同的。一定數量的損失所引起的價值損害（負效用）要大於同樣數量的利潤所帶來的價值滿足（正效用）。

例如：一個賭徒隨身帶了三千塊錢去賭場賭博，在他贏了一百塊錢的時候要求他離開，他可能不會提出什麼異議；如果是在他輸了一百塊錢的時候要求他離開可能就有些難度。雖然三千一百元和兩千九百元只相差六・九％，但我們要說的是賭徒輸了一百元所帶來的不愉快感，要比贏了一百元所帶來的愉悅感強烈得多，一般情況下，前者是後者的兩倍。

這正是賭博過程中邊際效用遞減的表現。所以，除了金額較小的賭博有娛樂功能之外，賭博活動只會危害社會並減少國民收入，是一件徹徹底底的壞事。

是買彩券還是去賭博？

購買彩券和參加賭博都是玩機率，機率的法則支配所發生的一切。以機率論的觀點來看，無論是買彩券的中與不中，還是去賭博的贏與輸，都是隨機事件。缺乏模式（規律）是隨機性的特徵。賽局論的創始人諾曼曾經說：**「任何考慮用數學方法製作亂數字的人，是處於犯罪狀態的。」**這就告訴我們，試圖看透和預測純隨機事件是不可能的。

彩券和骰子既沒有記憶也沒有良心——每個數字、每一輪選擇都是一次新的、不同的事件，不受以前事件的影響。如果上一期、上一輪的結果可以按照可預期的方式影響下一期、下一輪的發展，彩券發行者、賭場就要破產了。購買彩券和參加賭博背後靠的僅是你這個人的運氣，「走運」了就中，就贏；「倒楣」了就不中，就輸。

若干年前，美國加利福尼亞州一個華裔婦女買彩券中了頭獎，贏得八千九百萬美金，創下加州彩券歷史上個人得獎金額的最高紀錄。消息傳開之後，很多人立刻去買彩券，彩券公司因此大賺一筆。

比起賭博，彩券更為人們所接受。因為它不像賭博那樣，籠罩著欺詐和非法的色彩。所以很多人熱衷於購買彩券，渴望用一點小錢改變命運，一夜暴富。彩券發行者就像是精通消費者心理的商家，並不在每件商品上都打折，而是推出購物中大獎之類的促銷活動，既可以節省成本，又可以滿足顧客的「僥倖」心理。

但事實上是，彩券的命中率極低，賭博贏錢的機率也大於買彩券贏錢的機率。通常情況下，賭場的賠率是八〇％甚至更高，而彩券的賠率還不到五〇％，就是說購買彩券還不如去參與賭博。然而，現實生活中購買彩券的人要比參與賭場賭博的人多得多，不能不說是很多人缺乏理性思考的結果，很多彩迷是風險偏好失衡了。

彩券遊戲裡，彩迷們不是不瞭解中頭獎的機率，就是忽略了中頭獎的機率，只看到報紙上得獎人的故事，而沒有想到得獎人背後那成千上萬的未得獎的人，所以就會讓贏錢的機率比輸錢的可能性具有更高的價值，抱著「中獎的人可能就是我」的幻想蓋過一切，還是照買不誤，把十買九輸的教訓完全拋到九霄雲外，即使有很大的預期損失也無所謂。

彩券不僅命中率很低，而且命中率與中獎額相乘，所得額絕對低於彩券購買者的付出，兩者的差額即為彩券發行者的利潤。也就是說，買彩券的人多半是輸錢的。發行者透過發行彩券穩賺是必然事件，而某個彩迷中彩則是機率極小的隨機事件，人們自己的選擇理性發揮不出來，而唯有靠運氣。根據理性人的假定，在購買彩券還是不買彩券之間進行選擇，選擇不買彩券是理性的，而選擇買彩券是不理性的。

一位著名數學家曾經在回家路上的超市買完東西之後，用找的零錢買了彩券，儘管他心裡確切無疑的知道購買彩券是不理性的選擇，但是他是這樣辯解的：「如果真能中大獎，就可以完全改變我現在的生活狀態；不中也沒事，不就是輸一點錢嘛，對我現在的生活狀態也毫無影響啊！」他其實是在為「錢的效益」下定義，並強調贏的效益要大於輸的效益。大多數彩迷還會這樣下意識的自我安慰：總是有人會中頭獎，未必就不是我。正是因為如此，才有無數人在註定會輸的情況下繼續買下去。於是，彩迷數量就像是滾雪球，越滾越大。

賭博如同購買彩券一樣，理性的策略家應該避免，但不是每個人都可以理性的做出決策。人們看問題的角度不同，其決策與判斷就會存在「偏差」，例如在大多數情況下，人們對損失東西的價值估計要高出得到相同東西的價值估計，一般來說，前者是後者的兩倍。人在不確定條件下做決策時，其選擇依據不是取決於結果本身，而是取決於事件結果與其設想的差距。人們在做出策略選擇時，總是以自己的角度或參考標準來進行可能結果的衡量，以此來決定決策的取捨。

賭博活動可以在一群賭徒之間進行，這種形式常見於民間，並且往往是自發形成的；還可以是若干賭徒與一個組織（莊家）進行，此種形式多見於後來專門設置的賭場。

在賭場上，賭徒難以獲勝，而莊家卻連連獲利，這個常見情景並不全是因為賭徒運氣不好、「倒楣」，而是有一定的客觀原因。賭場中賭徒與莊家之間的賭博是「不公平的」，莊家贏的機率要大於賭徒贏的機率。

以賭場中慣用的賭博方式——「21點」為例。「21點」的遊戲規則為：發牌人分別逐一給賭徒和莊家發撲克牌，然後比撲克牌的點數，二十一點最大，但是不能超過二十一點（超過21點的稱為「爆」，不比自輸）。賭徒先翻牌，莊家後翻牌。如果賭徒的撲克牌點數大於莊家且沒有超過二十一點，則賭徒獲勝，你此輪押了多少籌碼，莊家就照數賠你多少；反之，你押的籌碼就歸莊家所有。如果賭徒與莊家的點數相等，則此輪平局，重新發牌。

在表面看似公平的「21點」遊戲中，內部卻隱藏著極大的不公平。相對於賭徒而言，莊家具有「資訊」和「機率」兩個優勢。

資訊優勢：因為是賭徒先翻牌，莊家後翻牌，就使得莊家要牌時有了資訊依據。因為莊家可以看到先翻牌的賭徒們的點數，此時只要莊家手中牌的點數超過大多數賭徒的點數，莊家選擇放棄要牌，就可以贏，無須再選擇要牌，冒可能會「爆」的風險；只有在莊家的點數小於大多數賭徒的點數，莊家不要牌就必輸無疑時，莊家才會選擇要牌，冒可能會「爆」的風險。賭徒每次在選擇是否要牌時，卻沒有這個資訊優勢，均要面臨可能會「爆」的風險。

機率優勢：由於是賭徒先翻牌，只要賭徒此時的點數超過二十一點，就是「爆」了，莊家就可以直接收取賭徒的籌碼，無論莊家的點數是否「爆」了。

由於人們的冒險本性和總是希望有意外驚喜的本性，使得小賭博可以作為一種有益的娛樂活動，一可以「怡情」，二可以「益智」，三還可以「交際」。如果把賭博作為一種事業，帶著一夜暴發的貪婪之心，希望透過從事賭博活動而獲得金錢收益，嗜賭成癮，那就不是小賭怡情，而是從娛樂變成痛苦，是一種不理性的行為。

第七章：做規則的制定者

賽局論（Game Theory）這個詞語聽起來玄而又玄，似乎高深莫測，直譯就是「遊戲理論」的意思。可以說，賽局論就是透過「玩遊戲」而獲得人生競爭策略的理論。這個理論涉及的範圍很廣：上至國家大政方針，下到一般民眾的日常瑣事，都可以用賽局論巧妙的進行解釋。可以說，「紅塵俗世，莫不賽局。」

強者如此霸道，就連決定勝負標準的賽局規則的制定也掌握在自己手中，弱者是不是就無計可施，只有坐等挨打的份？以下這個故事，將告訴你答案。

為生存，吞「死」鬮

從前，有一個昏庸無能而偏聽讒言的國王。他手下有兩個大臣，一個是忠心耿耿、一心為民，經常出言得罪國王的好大臣，另一個是詭計多端、奸詐無比，為了自己的利益而隨時恭維國王的壞大臣。

壞大臣為了獨自掌權，視自己「發財路」上的障礙——好大臣為眼中釘，總是想著如何置好大臣於死地。

有一天，趁著好大臣到民間考察，不在宮中的時間，壞大臣在國王面前數落好大臣許多不是，並且說好大臣此次民間考察是為了集合部下兵力蓄意謀反。這正好擊中國王最敏感的地方，引得國王龍顏大怒，立刻下令召好大臣回宮。

壞大臣見國王已經中計，就順勢說：「念及君臣一場，也考慮給所有臣民一個交代，請國王法外開恩，用抓鬮的方法來處置他，讓天意來決定他的生死，如何？」國王對這個處置方法充滿好奇，迫不及待的要壞大臣詳細說明抓鬮是怎麼回事。

壞大臣見國王已經完全上鉤，侃侃談起自己引以為豪的抓鬮法：在一個盒子裡放兩個鬮，一個寫「生」字，一個寫「死」字，讓好大臣回來以後，從盒子裡任意抓一個鬮，抓到寫著「生」的鬮就活命，抓到寫著「死」的鬮就斬首。

如果壞大臣不在鬮上做手腳，好大臣存活的機率還有五〇%，但是壞大臣的目的就是要置好大臣於死地，怎麼可能大發善心，讓好大臣有五〇%的存活機會？當天夜裡，壞大臣逼迫做鬮的人把兩個鬮都寫成「死」字。這樣就表示，無論好大臣抓到哪個鬮，都是必死無疑。

好大臣一心為社稷著想，非常受人尊敬，包括做鬮的人。壞大臣親眼看著鬮做好而離開之後，做鬮的人偷偷送一封信到好大臣府中，信中寫明上述情況，請好大臣趕快想辦法。好大臣原本不知是計，接到國王命令以後連夜趕回府裡，準備第二天入宮見國王。就在安寢之時，及時收到做鬮人送來的救命信件。

好大臣看完信中內容之後，嚇出一身冷汗，眉頭緊鎖。但是片刻之後，足智多謀的好大臣想出對付死亡之鬮的方法，就安心睡覺。

第二天，好大臣在宮殿上見到國王的時候，國王沒有給他任何辯白的機會，就命令他從盒子裡面抓一個鬮出來，抓到「生」就生，抓到「死」就死。

站在一旁的壞大臣，無法掩飾內心的狂喜，露出猙獰的冷笑。好大臣看了壞大臣一眼，一言未發，從容的從盒子裡抓了一個鬮，但是以迅雷不及掩耳之勢，立刻將它吞進肚中，在場的人都十分驚訝。

國王認為，盒子裡面是一個生鬮，一個死鬮。好大臣把抓起的鬮吞下去，無法知道是生鬮還是死鬮被吞進肚中，但是國王可以根據留在盒子裡面的鬮是生是死，推斷好大臣吞進肚中的鬮是死是生。既然盒子裡面是一個生鬮，一個死鬮，如果留下的那個鬮上寫著「死」，好大臣吞進肚中的那個鬮一定是「生」。在鐵定的事實面前，壞大臣氣急敗壞，國王也無言以對，好大臣依靠自己的智慧而存活下來。

從賽局論的角度來看，為了達到公平，任何遊戲都有自己的規則。有規則的「遊戲」，才可能保證好人勝出，才可能使社會達到和諧與持續發展，才可能產生道德和法律等人類必須服從的社會規則，否則社會就無法實現公平與正義。

但是在這場生死鬮賽局中，壞大臣做了手腳，使遊戲應該有的規則遭到無情的踐踏，也使好大臣喪失選擇利於自己的機會。如果好大臣還是按照之前制定的規則「抓鬮」定生死，無論怎麼抓，都是必死無疑。在沒有權力制定規則的情況下，好大臣只能透過有限的條件來變換規則：變「抓」鬮為「吞」鬮，以此保住自己的生命。

誰分的，誰要後拿

在生活中，我們經常會遇到兩個人或是兩個以上的人共用某個東西的情形，這就涉及公平分配的問題。

有一個年輕而聰明的媽媽就遇到這種情況：這個媽媽有兩個兒子，大兒子叫大剛，小兒子叫小剛。由於家長平時的溺愛，養成兩個兒子斤斤計較和不體諒別人的壞毛病。有一天，媽媽買回一塊形狀不均勻的冰淇淋蛋糕，想要當作兩個兒子的點心。問題隨之而來：由於是兩人共食一塊蛋糕，需要將蛋糕切成兩塊，但是兩個兒子都是極其自私的人，都想要分得比較大的那塊。

媽媽開始有些煩惱：自己再怎麼努力的分蛋糕，也會有一些大小之別，吃到小塊的那個一定會抱怨分得不公平。但這是一個聰明的媽媽，她很快就想出一個好方法：把分蛋糕的權力下放給兩個兒子，他們都可以分蛋糕，但是誰分蛋糕誰就要後拿。在這種制度設置之下，如果切得不公平，得益的必定是不切蛋糕而先挑選的那方，切蛋糕的一方只能拿到比較小的那塊，但是他無法怪別人，因為蛋糕是自己分的，要怪只能怪自己分得不好，自己沒有遵守規則，沒有按照規則做事。

大剛和小剛期望的是一半對一半的分配方案，最有可能實現這個方案的就是媽媽提出的讓一方負責將蛋糕切成兩份，另一方先挑選。但是，這個看似公平而切實可行的方案在實施的時候還是存在一些阻力。大剛和小剛很快會發現，切蛋糕的工作是「燙手的山芋」，由於技術不純熟，將蛋糕切得不一樣大的機會很大，進而使不切蛋糕而先挑選的一方得益的機會很大，所以誰都不願意做切蛋糕的一方。

「聰明」一詞加在這個媽媽身上，一點也不過分，針對他們不願意先切這塊蛋糕的情況，她又想出另一個分配蛋糕的規則。假設蛋糕總量為一，讓他們同時說出自己希望得到的蛋糕大小。如果他們說出的比例相加總和不超過一或是等於一，雙方就得到自己要求的比例；如果超過一，就重新報數，直到不超過一或是等於一為止。需要注意的是：這是一塊冰淇淋蛋糕，假如雙方遲遲沒有達成共識，蛋糕將會完全融化，誰也得不到。

在這種制度設置之下，這個兩人賽局的納許均衡點有無限多個，只要兩人說出數額相加之和小於一或是等於一的組合都是均衡結局，例如：（1/2，1/2）；（2/3，1/3）；（3/4，1/4）……最嚴酷的就是大剛要一，小剛只能要〇，這也是納許均衡，反過來也成立。

在這種如果兩人說出的數額相加超過一就要重新報數的情況下，分蛋糕的賽局不再是一次性賽局，而是演變成為一個動態賽局。事實上，也形成一個討價還價賽局的基本模型。在經濟生活中，小到日常的商品買賣，大到國際貿易甚至政治談判，都存在討價還價的問題。

我們來看一個商品買賣的討價還價的故事。

在古代，有一個很孝順的平民A，因為父親生病多年，為了籌備給父親看病的銀子，不得不將家中祖傳的一件古董拿到當地一個財主B家賣。這件古董在平民A看來至少值三百兩銀子，財主B認為這件古董至多值四百兩銀子。如此看來，這件古董的成交價格將會在三百至四百兩銀子之間。

這筆生意的交易過程可以是這樣的：因為財主B是買主，所以由財主B先開價，平民A根據財主B的出價選擇成交或是還價。如果平民A選擇成交，按照財主B的出價，交易順利結束；如果平民A認為財主B的出價比較低，或是認為財主B想要得到這件古董，可能會接受更高的價格，就會選擇還價。此時，如果財主B認為多花一些錢買這件古董很值得，或是認為平民A可憐而想要多施捨一些，就會同意平民A的還價，此筆生意就會按照平民A的還價價格成交。如果財主B不接受平民A的還價，生意沒有做成，也是交易結束的一種結果。

根據兩個人對這件古董的價值評價不同，只要平民A在第二輪賽局中的還價不超過四百兩銀子，財主B就會選擇同意還價條件。只要財主B在第一輪賽局中開出的價格不低於三百兩銀子，平民A也可能會選擇成交。因為其中有一個期望收益的問題，所以即使財主B開出的價格不低於三百兩銀子，平民A為了獲得更大收益，也可能會選擇還價。例如：財主B開價三百五十兩銀子購買這件古董，平民A要是同意，只能賣得三百五十兩銀子；如果平民A不接受這個價格而選擇討價還價，將價格提高到三百八十兩銀子，因為這個價格仍然在財主B的期望價格之內，他還是會同意平民A的這個價格，花費三百八十兩銀子購買這件古董，很顯然平民A會選擇還價。

如果你非常細心，並且具有「追根究底」精神，就會發現：談判的多階段賽局控制在雙數階段的時候，後開價者具有「後發優勢」。例如：在這個買賣古董的賽局中，是由財主B先開價，平民A後還價，並且成交價為平民A的出價，平民A就可以獲得最大收益。

談判的多階段賽局控制在單數階段的時候，先開價者具有「先發優勢」。還是以上述例子為例，如果財主B瞭解賽局論，他完全可以改變這個遊戲規則，將自己的開價作為最後的成交價。還是財主B先出價，但是不允許平民A討價還價。如果平民A不同意這個價格，財主B就堅決不再繼續談判來購買這件古董。這個時候，只要財主B的出價高於三百兩銀子，甚至等於三百兩銀子，平民A也會同意這個價格而將古董賣給財主B。如果平民A不同意，就表示生意不能成交，自己一文錢也拿不到，只能眼睜睜的看著父親的病情惡化。

討價還價在我們的生活中是非常常見的現象：想要得到某件商品的消費者，經常會以高於自己心理價位的價格購得所需之物；急於出清存貨的商店老闆，通常也會以比較低的價格賣出自己的商品。總而言之，越是急於結束談判的人將會越早妥協，做出比較大的讓步以促成談判的成功。

綜上所述，可以得出討價還價的兩個基本特徵：首先，必須知道誰向誰提出什麼條件。如果有可能，盡量採取「後發制人」的方法，根據對方的行動來行動；其次，還要知道，假如雙方無法達成最後的協定，將會導致什麼後果。這個後果相對於自己在上一輪賽局中做出讓步而產生的結果孰輕孰重。如果前者給自己帶來的損失大於後者，選擇在上一輪賽局中妥協，接受對方的條件；如果前者給自己帶來的損失小於後者，應該「堅持到底」，絕對不讓步。一言以蔽之，就是要充分瞭解這個賽局的規則。

不患貧而患不均

制度（或是稱為「遊戲規則」），是指要求人們共同遵守的做事規程或行動準則，是人們在不斷選擇和琢磨的過程中形成的。良好的制度往往渾然天成，既清晰又精妙，既簡潔又高效，令人為之感嘆。類似於以上所說的分蛋糕賽局，分粥遊戲進一步說明良好規則和良好制度的重要意義。

七個工人被一個老闆長期雇用，他們構成一個共同生活的團體，每個人的地位都是完全平等的：做一樣的工作，住同一個宿舍，吃同一鍋粥。問題就出在這鍋粥的分配上：因為地位平等，他們要求平均分配；因為「自利」（經常算計自己的利益，「自利」在這裡是一個中性詞語，而不是貶義詞）的本性，他們又希望自己多分一些。

七個工人試圖採取非暴力的方式，透過制定一個合理的供給制度，解決每天吃飯的時候遇到的「公平」問題：在沒有秤量用具和刻度容器的情況下，公平的分食一鍋粥。

追根溯源，分配其實是任何時代和任何社會都會面臨的重要問題。在中國傳統中，有這樣的思維：「不患貧，而患不均。」（意思是說，人們可以忍受貧窮，但是無法忍受社會財富分配不均等）現代經濟學通常涉及三個方面的內容：「生產什麼」、「如何生產」、「如何分配」。可見，分配是經濟學一個重要的組成板塊。

作為理性人，每個人都想多分配一些。現實社會中發生的許多爭執，大到國家與國家之間的領土問題，小到人與人之間的無聊小事，很大一部分都是由於一方或是雙方認為分配不公平而引起。公平分配是所有人追求的目標，然而什麼是公平分配？

首先，在分配之前，應該確定一個分配的公平標準，符合這個標準的分配就是公平的，否則就是不公平的。其次，要明確一點，公平不是平均的（有些情況下，公平即是平均）。一個公平的分配是：各方之所得應該與其付出成正比，是其「應該」所得的。

再來看我們現在要說的這個分配問題。七個工人發揮各自的聰明才智，試驗不同的方法，整體來看，賽局過程中主要有以下幾種分粥方法：

第一種方法：隨意指定一個人負責分粥。他們很快就會發現，「權力導致腐敗，絕對權力導致絕對腐敗」，這個人總是為自己分的粥最多。可能是這個人非常自私，換一個人試試看，結果仍然是不盡如人意，總是主持分粥的人碗裡的粥最多。為此，七個人彼此爾虞我詐，不擇手段的想要得到分粥的特權，風氣越來越壞。可見，並非是人之過，而是制度之弊！

第二種方法：七個人輪流主持分粥，每人一天。這個制度是針對上個制度人們的自私本性而專門設立，等於是承認每個人為自己多分粥的權力，同時也給予每個人為自己多分粥的公平機會。雖然這種制度是平等的，但是結果很差：每個人只有在自己主持分粥的那天吃得飽，而且撐得難受，其餘六天都要忍饑挨餓，造成糧食的極大浪費，而且在這種制度下，容易導致人們相互之間的加倍報復，衝突越來越激化。

第三種方法：選舉一位品德高尚的人主持分粥。起初，這位品德高尚的人還可以公平分粥。但是幾天以後，他開始為自己和拍自己馬屁的人多分一些粥。看來，這個也不是最好的方法，還要尋找更好的方法。

第四種方法：選舉一個分粥委員會和一個監督委員會，形成監督和制約機制。在這種分粥制度下，基本上做到公平，但是又出現新的問題。分粥委員會成員準備分粥的時候，監督委員會成員經常會提出各種異議，分粥委員會成員又會據理力爭。等到衝突得到調解而可以分粥的時候，粥早就涼了。可見，這種制度不僅效率低下，而且人們經常要吃涼粥，實在不是一個好方法。

第五種方法：只要有意願，誰都可以主持分粥，但是分粥的那個人要最後一個領粥。此種方法是第二種方法的改進，只是調換七個人的領粥次序，但是卻收到意想不到的結果，七個碗裡的粥就像用科學儀器量過一樣，幾乎每次都一樣多。因為每個主持分粥的人都認識到，如果自己分的這七個碗裡的粥的份量不同，自己就會得到最少的那碗粥。這個方法的成功之處，就是利用人們的利己性達到利他的目的，進而實現公平分粥的目標。

從「分粥」遊戲最終形成的制度安排中，我們可以看到：以制度來實現利己利他的絕對平衡是不可能的，但是良好的制度至少應該有效抑制利己利他的絕對不平衡。

良好制度的形成，是一個尋找其整體目標與個體目標的納許均衡的過程。「分粥」遊戲規則的形成，就是這個過程的集中表現——輪流分粥的這個互動之舉，可以讓人們認識到個人利益，同時又關注整體利益，並且找到兩者的結合點。

良好制度的形成，也是一個達成共識的過程。制度本質上是一種契約，必須建立在參與者廣泛共識的基礎上，沒有人會積極遵守自己不同意的規則。經過人們都同意而制定的契約，更可以增強人們遵守制度的自覺性。

在現實生活中，許多制度形同虛設，主要原因就是在其制定過程中，沒有徵求組織成員的意見和建議，以管理者的「一面之詞」而定，缺乏共識。

良好的制度是保障一個組織正常運行的軌道，因為它產生的約束力和規範力使其成員的行為始終保持有序、明確、高效的狀態，進而保證組織的正常運行。

自卑皇帝的遊戲規則

朱元璋前身是一個造反的窮苦農民，依靠自己的努力和適時的局勢，從社會最低層一躍成為全國最高統治者。他在開創明朝而成為名正言順的皇帝之後，仍然不免有一些不是皇家血脈的自卑感，這從其造成的許多五花八門的文字獄中清晰可見。

明朝建立之後，統治階級內部存在許多問題，其中之一就是舊地主階級的封建文人與紅巾軍發跡的皇帝之間臣屬關係的衝突。一些封建文人不服從農民出身的朱元璋的統治，拒絕朝廷的徵召，堅決不做明朝的官吏，引得朱元璋的深切痛恨。朱元璋用盡所有方法，例如：特殊法律、監獄、死刑，以致抄家滅族來鎮壓這些人的大膽抗拒，逼迫他們出來做官。

在與知識份子鬥爭的過程中，朱元璋特別注意文字細節和自己出身經歷的有關禁忌，吹毛求疵，造成洪武時代的文字獄。文字獄使得大批文人學士冤枉致死，有些人將其形容為「腥風血雨」，一點也不過分。

所謂禁忌，含義是非常廣泛的。例如：朱元璋從小過著窮苦生活，曾經做過和尚。和尚的典型特徵就是光頭，因此「光」、「禿」這類字對他是犯忌諱，就連「僧」這個字，他也覺得很刺耳。推而廣之，和「僧」音近的「生」，他也十分討厭。又例如：他早年參加紅巾軍，是其中一個小兵，紅巾軍在元朝政府和地主與官僚的口頭上或文字上，被稱為「紅賊」、「紅寇」，曾經是紅巾軍一員的朱元璋，最痛恨別人罵自己「賊」、「寇」。推而廣之，和「賊」字形音相像的「則」，他看著也有氣。

在古代，地方三司官和知府、知縣、衛所官員，在逢年過節以及皇帝和皇后生日，還有皇后和太后上尊號或是冊立等重要節日和慶祝活動的時候，都要上表祝賀。所上表箋照例由專人代作，都是一些禮節性的陳腔濫調，因為都是拍馬屁的頌揚話，朱元璋很喜歡閱讀。此外，朱元璋還認為，從這些文章中，可以看出官員們對皇帝和朝廷的態度，因此十分注意臣下呈上的這些表箋。他對這些文章咬文嚼字，發現許多地方都有和尚賊盜的痕跡，就像是在罵他。有些成語拐彎抹角，也像是在罵他。他總是用自己的政治尺度和文化程度來閱讀各種體裁的文章，盛怒之下，就把寫這些文章的文人全部捉來殺掉。

文字獄的著名例子，例如：浙江府學教授林元亮為海門衛長官作《謝增俸表》，文中有一句「作則垂憲」；福州府學訓導林伯璟為按察使撰《賀冬至表》的「儀則天下」；桂林府學訓導蔣質為布按二使作《正旦賀表》的「建中作則」……朱元璋把所有的「則」都念成「賊」，認為他們是有意諷刺自己，於是下令將他們一一誅殺。

常州府學訓導蔣鎮為本府作《正旦賀表》，文中有一句話為「睿性生知」，朱元璋將

「生」讀作「僧」，認為蔣鎮在諷刺自己曾經做過和尚，於是將他逮捕誅殺。杭州府學教授徐一夔賀表中有「光天之下，天生聖人，為世作則。」其中的「光」、「生」、「則」等字，都引起朱元璋的猜忌，「光」是說他曾經剃過光頭，是一個禿子；「生」即為「僧」，罵他做過和尚；「則」音近「賊」，罵他做過賊，於是下令將徐一夔誅殺。

文字獄的時間從洪武十七年到二十九年，前後達十三年，在清代著名史學家趙翼的《二十二史箚記》等書中記載十多則，案中涉及的人員全部被誅，唯一倖免的文人是翰林院編修張某。

張某在翰林院的時候說話有問題，被貶為山西蒲州學正。洪武年間按照慣例作慶賀表，文中稱朱元璋的統治是「天下有道」，希望朱元璋「萬壽無疆」。不料朱元璋看到這兩句話以後大怒，將「道」理解為「盜」，「無疆」意為失去疆土，認為這個作表人太惡劣，於是派人把他逮捕押送到京師，並且當面審訊。張某做出辯解：「我只有一句話，說了再死也不遲。陛下不是說過，表文不准杜撰，務必要出自經典嗎？『天下有道』是孔子在《論語》中說的，『萬壽無疆』出自《詩經》，說臣誹謗，臣實在不服。」朱元璋一聽，立刻派人查閱古書，確實如此，於是無話可說，將他放了。左右侍臣私下議論：「幾年來才見容這個人！」

詩文中的文字獄更是令人哭笑不得。明初文壇上，高啟是一位受人尊敬的文人。洪武初年，朱元璋曾經授高啟為翰林院編修，負責纂修《元史》。一日，高啟作《題宮女圖》詩：

「小犬隔花空吠影，夜深宮禁有誰來？」朱元璋以為是在諷刺自己，暗記在心裡。洪武三年，朱元璋擢拔他為戶部右侍郎，但是高啟堅決不上任，寧願回老家教書，再次激怒朱元璋。後來，高啟友人魏觀出任蘇州知府，把知府衙門修建在張士誠的宮殿遺址上，按照時人習俗，邀請高啟寫一篇《上樑文》，文中有「龍盤虎踞」四字。朱元璋認為魏觀有成為「張士誠第二」的野心，結果將魏觀誅殺，高啟腰斬。

江西豐城有一個和尚，名字叫做來復，洪武初年應召入京建法會。朱元璋賜膳，來復呈詩討好皇帝，詩中有「金盤蘇合來殊域」和「自慚無德頌陶唐」兩句，朱元璋看後大為生氣，把「殊域」（原本指外國）的「殊」拆分為歹朱，認為來復是在罵姓朱的人；「無德」原本是作者「自慚」，朱元璋卻認為來復是罵自己無德，於是下令將來復斬首。

對文字的許多禁忌，是朱元璋自卑心理的一面，另一面卻表現為賣弄出身。歷代開國帝王都會以古代同姓的有名人物作為祖先，朱元璋的父親和祖父都是佃農，外祖父是巫師，在封建社會中都是地位卑微的人物，沒有什麼可以誇耀的。

據說，他和文臣們商量修家譜的時候，原本打算以宋朝著名學者朱熹作為祖先，但是害怕被人識破看笑話，就打消這個念頭。無法成為名儒的後代，只好向自己的同鄉皇帝漢高祖劉邦看齊，強調自己沒有根基，不是依靠先人基業起家，而是自己赤手空拳撐起這個王朝。在口頭上和文字上，一開口一動筆，總要插進「朕本淮右布衣」、「起自田畝」、「出身寒微」的話語，內心強烈的自卑反而表現為自尊，沒有一寸土地卻打出一片天下，將紅巾軍起義的功績全部算在自己的名下。儘管他自己這樣賣弄，卻忌諱別人這樣說，這樣說的結果就會引發一場慘不忍睹的血案。

在中國歷史上，封建社會的政治傳統就是建立嚴格的秩序規則，凡事都是以秩序規則作為衡量標準。因為朱元璋的自卑心理，使得一個時代的文人慘遭無辜殺戮。從他這種可怕的專制行為可以看出他對自己的地位隨時存在擔憂心理，所以他利用自己擁有的強權，確定那個時代的遊戲規則。

海盜分金的故事

海盜是一群桀驁不馴的亡命之徒，專門做搶人錢財和奪人性命的勾當。然而，他們又是世界上最民主的團體，遵循投票制度下的少數服從多數的原則。海盜船上的唯一懲罰，就是被扔進海裡餵鯊魚。

假如現在船上有五個海盜，要分搶來的一百枚金幣，分配規則如下：

一、抽籤（一，二，三，四，五）確定每個海盜的分配順序。

二、由抽到一號籤的海盜提出分配方案，然後五個海盜對這種分配方案進行表決，如果半數以上（包含半數）的海盜同意這個方案，這個方案就獲得通過，並且按照這個方案進行分配，否則他（提出方案的一號海盜）會被扔進海裡餵鯊魚。

三、如果一號海盜的分配方案沒有獲得通過而被扔進海裡以後，再由抽到二號籤的海盜提出分配方案，然後由剩餘的四個海盜進行表決，半數以上（包含半數）的海盜同意這個方案，才會按照這個方案進行分配，否則他的命運就和一號海盜一樣，被扔進海裡餵鯊魚。

四、以此類推，三號海盜和四號海盜重複上述過程，直到找到一個所有海盜都接受的分配方案（如果最後只剩下五號海盜，他更願意接受自己獨吞全部金幣的結果）。

我們先對這五個海盜做一些假設：

一、每個海盜都是經濟學假設的「理性人」，可以非常理智的判斷得失，進而做出策略選擇。也就是說，每個海盜都知道自己和其他海盜在某個分配方案中所處的位置，並且假定不存在海盜之間的聯合串通或是私下交易。

二、一枚金幣是完整而不能被分割的，不可以你半枚我半枚，也不允許多個海盜共有一枚金幣。

三、每個海盜都希望自己可以得到盡可能多的金幣，誰都不願意自己被扔進海裡餵鯊魚，這是最重要的一點。

四、每個海盜都是只為自己利益打算的功利主義者，都會盡可能投票讓自己的同伴被扔進海裡餵鯊魚，以多得金幣或是獨吞金幣。

五、假定每個分配方案都可以順利執行，不存在海盜們不滿意分配方案而大打出手的情況。

如果你是抽到一號籤的海盜，應該提出什麼分配方案，既可以保證這個方案順利通過，避免自己被其他海盜扔進海裡，又可以獲得最多的金幣？最後的分配結果又會是什麼模樣？

這是一道原題稱為《凶猛海盜的邏輯》的智力題目，現在人們都習慣稱其為「海盜分金」問題。

這個分配規則給人們的第一印象是：抽到一號籤的海盜真是不幸。因為每個海盜都是從自己的利益角度出發，希望參與分配金幣的人越少越好，所以第一個提出方案的人，可以活下去的機率微乎其微。即使他一枚金幣也不要，把金幣全部分給其他四個海盜，也未必可以使他們同意自己的分配方案，如果真的是這樣，他只有死路一條。

其實，抽到一號籤的海盜處境，也不是我們想像的那麼糟糕，只要一號海盜提出的分配方案可以使其他四個海盜中至少兩個海盜同意，這個方案就可以獲得通過，自己就可以免於一死。因此，一號海盜就要分析，為了自己可以安全的活下去，必須籠絡兩個處於劣勢的海盜（在其他情況下，得到金幣最少的兩個人）同意自己的分配方案。要使這兩個海盜同意的條件是：分給這兩個海盜的金幣數量要大於假如一號海盜被扔進海裡以後，其他海盜的分配方案分給他們的金幣數量。也就是說，如果這兩個海盜不同意自己的分配方案，就會得到更少的金幣。

抽到一號籤的海盜，應該提出什麼分配方案？讓我們耐心的看下去。

想要解決這個看似毫無頭緒而複雜的問題，我們可以運用「向前展望，倒後推理」的倒推法，即從結尾出發倒推回去，其推理過程也應該是從後向前，因為在最後一步中，最容易看清楚什麼是好的策略，什麼是壞的策略。確定這一點以後，就可以借助最後一步的結果，得到倒數第二步應該做出什麼策略選擇，以此類推。

如果不按照這種推理方法進行分析，而是想要從一號海盜出發進行分析，很容易因為這樣的問題而陷入思維僵局：「如果我這樣做，下一個海盜會怎麼做？」使自己無法繼續進行分析。

因此，問題的重點或是分析的出發點，應該是從僅剩的四號海盜和五號海盜著手。抽到五號籤的海盜是最不合作的，因為他沒有被扔進海裡餵鯊魚的風險，並且每扔下去一個海盜，潛在的對手就會減少一個。他的最佳分配方案也是一目瞭然：前面四個海盜都被扔進海裡餵鯊魚，自己獨吞一百枚金幣。需要注意：這樣不表示他要對其他海盜的分配方案都投反對票，他在投票之前也要考慮其他海盜的分配方案的通過情況。

但是五號海盜的這種看似最有利的形勢卻未必可行，因為只剩下他和四號海盜的時候，四號海盜一定會提出（一〇〇，〇）的分配方案。對這個方案進行表決的時候，四號海盜一定會投贊成票，這樣就佔總數的一半，因此這個方案獲得通過，五號海盜無法改變表決結果。所以，只剩下四號海盜和五號海盜的時候，金幣的分配方案是（一〇〇，〇）。

現在，我們來分析只有三號、四號、五號海盜存在的情況。三號海盜根據五號海盜的處境，會提出（九九，〇，一）的分配方案。對這個方案進行表決的時候，四號海盜一定不會同意，但是五號海盜一定會投贊成票，因為如果五號海盜不投贊成票，三號海盜被扔進海裡是必然結果，他就要面臨與四號海盜的單獨對局，按照上述推理，他將會一無所得。加上三號海盜的贊成票，這個方案順利通過。此時，金幣的分配方案是（九九，〇，一）。

接著以上的思路再進行推理：有二號、三號、四號、五號海盜的時候，二號海盜根據理性推理，也會預測到自己被扔進海裡以後的分配方案是（九九，〇，一）。此時，他最好的分配方案是（九八，〇，〇，二），放棄三號海盜和四號海盜，籠絡五號海盜。表決的時候，三號海盜和四號海盜一定會投反對票，但是五號海盜會同意，因為按照以上的分析，如果五號海盜不同意這個分配方案，將二號海盜扔進海裡以後，他只能得到一枚金幣，同意二號海盜的分配方案，他可以得到兩枚金幣。二號海盜也會投贊成票，這樣就佔全部票數的一半，這個方案順利通過。此時，金幣的分配方案是（九八，〇，〇，二）。

最後，我們來看一號海盜的最優分配方案。按照以上的分析，如果一號海盜被扔進海裡，三號海盜和四號海盜什麼也得不到。所以，一號海盜的分配方案應該爭取處於絕對劣勢的三號海盜和四號海盜，分給三號海盜和四號海盜一枚金幣，分配方案為（九八，〇，一，一，〇）。對這個方案進行表決的時候，三號海盜、四號海盜、一號海盜都會同意，這個方案就會獲得通過。

因此，「海盜分金」最終的分配方案是（九八，〇，一，一，〇）。真是難以置信，看似最有可能被扔進海裡餵鯊魚的一號海盜，卻緊緊把握先發優勢，不僅消除死亡威脅，並且成為最後的贏家，獲得九八枚金幣。五號海盜看起來最安全，根本沒有被扔進海裡餵鯊魚的威脅，甚至還有坐收漁翁之利的可能性，但是最後竟然一枚金幣也沒有分到。

「海盜分金」的分配規則看似公平：第一，抽籤決定分配順序，表示每個海盜的機會相等；第二，所有海盜提出的分配方案都要透過表決來進行，看起來也是非常民主。但是分配結果不盡如人意，甚至是出人意料：收益最大的海盜，分得九八枚金幣，佔金幣總數的九八%，有些海盜卻什麼也沒有分到。

第八章：公共知識

「公共知識」的概念，最早是由美國邏輯學家路易斯提出，之後經過邏輯學家辛提卡以及賽局論專家阿曼等人的發展，現在已經成為邏輯學和賽局論等學科頻繁使用的一個概念。

在日常生活中，許多事實都是公共知識，例如：「人們總有一死」、「地球繞著太陽轉」……對於這些事實，人所共知，你知道的，別人知道；別人知道的，你也知道……公共知識在我們日常對話和交流中，具有十分重要的作用，既是人們進行交流和對話的起點——從已知的公共知識入題，也是交流和對話的終點——形成新的公共知識。

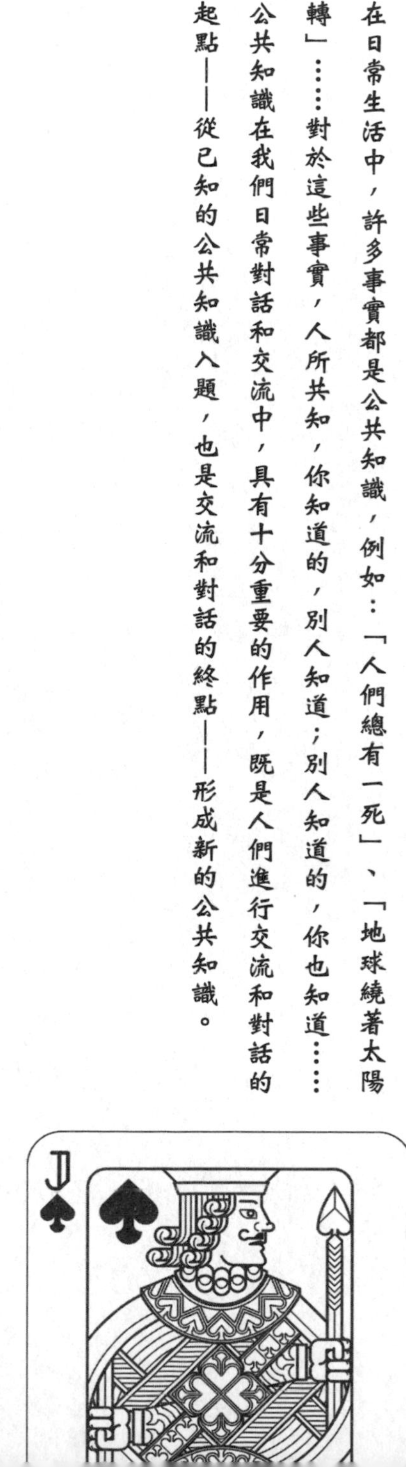

莊子與惠施的辯論

在阿拉伯國家，流傳一則諺語：

「愚蠢的人無知，並且不知道自己無知——遠離他；單純的人無知，但是知道自己無知——教育他；迷糊的人無知，但是不知道自己有知——喚醒他；睿智的人有知，並且知道自己有知——追隨他。」

古希臘哲學家蘇格拉底被人們認為是世界上最聰明的人之一，但是他不明白自己何德何能，為什麼被推崇為世界上最聰明的人，於是他到處與「學富五車」的人對話。透過不斷的與他們對話，蘇格拉底發現，自己與其他人的不同之處在於：「我知道自己無知。」

在《莊子・秋水篇》中，有一段辯論故事，其原文如下：

莊子與惠子遊於濠梁之上。

莊子曰：「鯈魚出游從容，是魚之樂也。」

惠子曰：「子非魚，安知魚之樂？」

莊子曰：「子非我，安知我不知魚之樂？」

惠子曰：「我非子，固不知子矣；子固非魚也，子之不知魚之樂，全矣！」

莊子曰：「請循其本。子曰『汝安知魚樂』云者，既已知吾知之而問我，我知之濠上也。」

我們把它翻譯為白話文就是：

莊子與惠子在濠水的橋上遊玩。

莊子說：「白儵魚在河中悠閒自在的游來游去，魚多麼的快樂啊！」

惠子說：「你不是魚，怎麼知道魚快樂？」

莊子說：「你不是我，怎麼知道我不知道魚快樂？」

惠子說：「我不是你，所以不知道你；但是你本來就不是魚，你不知道魚快樂，也是完全可以肯定的！」

莊子說：「還是讓我們接著之前的話來說。你剛才說『你怎麼知道魚快樂』，就說明你已經知道我知道魚快樂而問我。我是在濠水的橋上知道魚快樂。」

莊子與惠子辯論的中心是：是否可以知道別人對某個事實的「知道」情況。莊子認為「可以」，惠子認為「不可以」。然而，在他們的辯論過程中，存在他們都認同的東西，例如：「子非魚」、「子非我」、「我非子」。這些雙方都認同的東西，就構成莊子與惠子辯論的前提。對於這些已經被認同的前提，莊子與惠子知道，並且知道對方知道，也知道對方知道自己知道……這是莊子與惠子之間的公共知識。

這個故事引出一個賽局論中非常重要的概念——公共知識。

究竟什麼是公共知識？要瞭解什麼是公共知識，我們必須先瞭解什麼是知識。

所謂知識，是人們在改造世界的實踐中對某個事實的認識和經驗的總和。我們說某個人擁有某種知識，意指某個人知道某個事實。「太陽從東方升起」是一個事實，這個事實已經被人們知道，而且也相信這個事實，於是「太陽從東方升起」構成人們的知識。因此，知識的形成必須具備三個因素：

第一，構成「知識」的對象必須是真實存在的，虛假而不存在的東西不能成為知識。例如：在偏僻的農村，愚昧使人們相信疾病是由鬼怪引起，法師可以透過某些迷信活動以驅除病魔達到治病目的。這只是人們一種錯誤的信念，而不是真正的事實，無法構成知識。

第二，某個人如果擁有某種知識，就要知道構成這個知識的真正事實。對於許多自然界中存在的真正事實，我們不知道，就不能說它們構成我們的知識。

第三，人們要相信自己知道的真正事實。如果某個人知道但是不相信某個事實，也無法構成他的知識。

瞭解「知識」的內涵，我們就不難理解「公共知識」的概念。所謂「公共知識」，是指某個群體的知識，也就是某個群體的人們之間對某個事實「知道」的關係。

假定一個群體只有甲乙兩個人構成，他們都知道而且相信一個事實A，我們就可以說A是他們的知識。但是，此時不能說A是他們的公共知識，只有雙方都知道對方知道A，並且彼此都知道對方知道自己知道A……這個時候，我們就可以說A是他們的公共知識。

如果這個群體是由很多人組成，不僅指任意兩個人這個雙方「知道」某個事實的過程，也指群體之中每個人知道這個群體的其他人知道這個事實，並且其他人也知道其他每個人知道這個事實……這是一個無窮的「知道」過程。

「誰的臉上沾有泥巴？」

假設教室中有X個孩子圍坐在一起，其中有Y個孩子的臉上沾有泥巴。這些孩子除了看不到自己臉上是否有泥巴以外，都可以看到其他孩子臉上是否有泥巴。老師走進教室，對所有人說：「你們之中，有人臉上沾有泥巴，有人臉上沒有泥巴，知道自己臉上沾有泥巴的孩子請舉手。」假定這群孩子個個都是邏輯學高手，都可以進行嚴密的邏輯推理，並且他們之間也沒有進行資訊交流。請問：當老師重複詢問以上問話多少遍時，才會有孩子舉手，以及有多少個孩子同時舉手？這就是賽局論中著名的「臉上沾有泥巴的孩子」之謎。

為了便於推理，現在我們假定X為十，即這群孩子一共有十個。

在老師未進入教室問話之前，這群孩子所組成的群體擁有的公共知識為：「每個孩子都具有邏輯推理能力」，「每個孩子都聽老師的話」、「老師所說的每一句話都是真的」、「每個孩子都不清楚自己臉上是否沾有泥巴」……當老師進入教室，說「你們之中，有人臉上沾有泥巴」時，就增加這個群體之間的公共知識：在他們所組成的這個群體中，至少有一個小孩的臉上是沾有泥巴的。也就是說，「至少有一個小孩的臉上是沾有泥巴的」成為這群小孩擁有的公共知識，也就是說，每個小孩都知道這個事實，每個小孩也都知道其他任何一個小孩都知道他知道這個事實……

老師接著問「知道自己臉上沾有泥巴的孩子請舉手」。不管有沒有人舉手，是每個小孩都可以觀察到的。就是說，當老師問過這句話之後，有人舉手或沒有人舉手現象的發生都會改變這個群體原先的公共知識。

假設這十個孩子中間有一個孩子的臉上沾有泥巴，除了這個沾有泥巴的孩子不知道誰的臉上沾有泥巴之外，其他孩子都可以看到並且知道誰的臉上沾有泥巴。當老師說「你們之中，有人臉上沾有泥巴」後，臉上沾有泥巴的孩子看到其他孩子的臉上沒有泥巴，他自然會推理得出結論：他的臉上沾有泥巴。其他孩子根據現在掌握的資訊和已有的公共知識是不能判斷出自己的臉上是否沾有泥巴，所以當老師說「知道自己臉上沾有泥巴的孩子請舉手」後，沾有泥巴的孩子立刻就會舉起手，其他孩子則不會採取任何行動。

假如這十個孩子之中有兩個孩子的臉上沾有泥巴，儘管老師公布「你們之中，有人臉上沾有泥巴」，兩個臉上沾有泥巴的孩子因為看到另外有一個孩子的臉上沾有泥巴，所以他不能據此得出自己的臉上是否沾有泥巴，其他八個孩子也同樣不能得出自己臉上是否沾有泥巴。因此，當老師第一次說「知道自己臉上沾有泥巴的孩子請舉手」後，十個孩子都沒有舉手。這個時候，所有孩子都知道現在這個情況不是上述只有一個孩子的臉上有泥巴的情況，換句話說，就是這十個孩子之中至少有兩個孩子的臉上沾有泥巴。當老師第一次問話結束，所有孩子都沒有舉手時，這兩個臉上沾有泥巴的孩子因為只看到另外一個孩子的臉上沾有泥巴，立刻推理得出自己的臉上沾有泥巴。所以，當老師第二次說「知道自己臉上沾有泥巴的孩子請舉手」時，臉上沾有泥巴的兩個孩子都舉起手。

如果這十個孩子的臉上都沾有泥巴，老師第十次說「知道自己臉上沾有泥巴的孩子請舉手」時，這十個孩子都會不約而同的舉起手。

由以上的分析我們可以得出，這個「臉上沾有泥巴的孩子」之謎的答案是：假定一群孩子之中有一個孩子的臉上沾有泥巴，老師從第一次到「X-1」次說「知道自己臉上沾有泥巴的孩子請舉手」時，都沒有學生主動舉手（這表示他們都不清楚自己的臉上是否沾有泥巴），當老師第X次說「知道自己臉上沾有泥巴的孩子請舉手」時，所有X個臉上沾有泥巴的孩子都會舉起手。

國王新衣的新解讀

我們都熟悉安徒生的童話《國王的新衣》，故事的大致情節是這樣的：

從前，有一個國王特別愛穿漂亮的衣服，每隔一小時他就要換一套新衣服。有一天，兩個騙子來到國王居住的皇城裡，到處散布消息，他們能織出任何人也沒有見過的最美麗的魔布。用這種布做成的衣服不僅華麗，而且穿上它以後，就可以知道誰是愚蠢的人，因為這種布只有聰明的人才可以看得到，愚蠢的人看不見由這種布做成的衣服。

國王相信他們的話，給他們許多金子，讓他們開始織他們所說的世間罕見的奇布。騙子們架設好織布機，每天在織布機旁邊，煞有介事的忙碌著。國王焦急的想看看這種布是怎麼織出來的，但是他又有一些擔心。於是，他派忠誠的寵臣去檢查工作的進度。然而，這位寵臣看後驚呆了：「天啊，我什麼也看不見！難道我是愚蠢的人嗎？難道我不勝任自己現有的職位嗎？這是多麼可怕的事情啊！這千萬不能讓其他人知道。」於是，他就裝著看見的模樣，讚不絕口的描述著這種布是多麼的漂亮，對於騙子向他所描述的布的色彩和衣服的圖樣，他也點頭稱是。回去以後，他將騙子的話，一字不漏的向充滿期待的國王稟報。

國王決定親自來看衣服製作的過程，可是他同樣被眼前的情景驚呆了，他什麼也沒看見——事實上，確實什麼也沒有。只是每個人都在想，別人都看到了，我不能讓他們知道我「沒看見」，曝露自己的愚蠢！於是，大家都大聲的讚美這種布的奇特與美麗。國王也懷疑自己是愚蠢的人，但是也不敢表露自己的「愚蠢」，與大臣們一起誇讚。為了表示對新衣服的滿意，國王還要舉辦一次盛裝遊行。

隆重的盛裝遊行那天，國王脫掉原來的衣服，騙子裝模作樣的做出給他穿衣服的模樣。盛裝遊行開始了，國王穿著所謂的「新衣服」步出宮殿，驕傲的昂著頭，向他的臣民們致意。全城的人都聽說這件奇異的新衣，都知道只有聰明的人才可以看到新衣，愚蠢的人是看不到的。事實上，國王什麼也沒穿，在大街上被他的臣子們簇擁著。臣民們看著沒穿衣服的國王，但是他們都不敢承認，每個人都在稱讚著新衣的華美，害怕別人知道自己是愚蠢的人。

就在這個時候，一個小孩突然說：「國王什麼也沒穿啊！」於是，大家私底下傳播著這個天真無邪的小孩的真話，人們開始相信小孩說的話是正確的。國王也知道老百姓們的話可能是對的，但是他無法就此回頭。回頭表示承認自己的無知，國王只有堅持把遊行進行下去。於是，國王還是高傲的向前走去。

在這個童話中，騙子們正是利用「資訊不對稱」，玩弄這個國家的人們。只有騙子知道，「國王的新衣」其實並不存在，什麼也沒有。「看不見新衣的人是愚蠢的」只是謊言，眾人卻不知道這是一個謊言，也不知道其他人也看不見「新衣」這個資訊，只知道「我看不見衣服」（意味著自己是愚蠢的）。正是這種不對稱資訊的存在，才上演「國王的新衣」這樣的鬧劇。

對臣民們來說，「國王什麼都沒穿」是每個人都知道的事實，是每個人都擁有的知識。但是，每個人不知道其他人是否知道這個事實，即每個人都不知道其他人知道這個事實，擁有這個知識。同時，每個人都知道，只要自己不說，其他人就不知道他知道這個事實。這使得「國王什麼都沒穿」不是國王和臣民們之間的「公共知識」。

這裡有一個虛假的前提（騙子們編造的謊言）：如果我沒看見國王的新衣服，就說明我是愚蠢的人。所以，每個人都盡量不讓其他人發現自己沒看見國王的新衣。此時，所有人都在說著假話（自己看見新衣服）。這就是一個均衡，一個「說謊的均衡」。在此種情況下，由於所有人都刻意隱瞞自己所看到的「國王什麼也沒穿」的事實，導致這個眾所周知的事實，無法成為公共知識。

然而，當小孩說出「國王什麼也沒穿」，就捅破那一層「窗戶紙」。童言無忌，小孩不懂得大人之間的這個「說謊的均衡」，他說出大家想說而不敢說的真實意見。當小孩的話傳到每個人的耳朵時，原來的均衡被打破，「國王什麼也沒穿」就成為公共知識。

這種現象也可以用「沉默的螺旋」理論來解釋。這個理論的基本思想是：為了防止因被眾人孤立而受到社會懲罰，任何個人在表明自己的觀點之前，總要先對周圍存在的意見進行觀察，當發現自己的看法屬於「多數」（或是「優勢」）意見時，就傾向於大膽的表明自己的觀點；當發現自己的看法屬於「少數」（或是「劣勢」）意見時，通常會由於外界的壓力而轉向「沉默」，或是違心附和與自己的真實意見相悖但卻是大多數人心聲的觀點。在「劣勢意見保持沉默」和「優勢意見大聲疾呼」的螺旋式擴展過程中，佔絕對優勢的「多數意見」，即所謂的「民意」產生了。

儘管《國王的新衣》只是一個童話故事，但是卻有深刻的現實意義。在日常生活中，由於各種原因，我們也經常像故事中的大人一樣，盲目輕信、人云亦云、口是心非，並且因此遭人愚弄，我們都需要聽到那一聲「國王什麼也沒穿」的提醒。

村莊屠殺悲劇

在一個極其偏僻的村莊裡，居住著一百對夫婦。這裡與現代社會有些出入，並非男人說了算，而是女人掌權，女人對一切事務具有至高無上的決定權。

這個村莊還有一個約定俗成的「慣例」：倘若某個女人發現自己的丈夫出軌，做出對自己不忠的行為，她有權力可以在發現的當天就將他殺死，以洩心頭之憤。這種特權施行的前提，必須是女人握有確切的證據，可以證明自己的丈夫確實對自己不忠。由於這個前提的存在，使得該村出現一種情況，當某個女人發現某個男人對他的妻子不忠時，她不會將這個情況告訴那個不忠男人的妻子，只會告訴除了她（不忠男人的妻子）之外的其他女人，並且女人們之間會相互傳遞這個資訊。其最後結果是，某個男人不忠，除了其妻子不知道以外，村莊裡的其他女人對此都心知肚明。

事實是，這個村莊裡的一百對夫婦的男人都不忠於其妻子，但是因為女人們都不會將自己知道的實情告訴不忠男人的妻子，所以每個女人都生活得很知足，都認定自己的丈夫沒有做出對自己不忠的事情，這就使得村莊裡沒有發生一起妻子處決丈夫的事情。

村莊裡有一位輩份很高而且德高望重的老太太，很受村民們的愛戴。每天都會有村民向她彙報村莊裡發生的一切。因此，她對村莊裡的所有情況都瞭若指掌。她知道村莊裡的所有男人都不忠於自己的女人，其他女人卻不知道她所知道的情況。

然而，有一天，這位老太太當著村莊裡的一百個妻子的面，說了一句聽起來很平常的話：「在全村一百個丈夫之中，至少有一個是對他的妻子不忠的。」

在場的女人們，面面相覷，默不作聲。接著，村莊裡發生一個怪事：在老太太宣布這句話的前九十九天之內，村莊裡風平浪靜，相安無事；可是，到了第一百天，村莊裡發生一場慘烈的大屠殺，所有的妻子都殺死她們的丈夫。

整個故事情節就是這樣的。為什麼會這樣？不是在老太太宣布的當天而是在宣布的第一百天，才發生這樣的悲劇？

其實，這是一個推理和行動的過程。妻子們的策略是：如果老太太所說的那個不忠於其妻子的男人是她的丈夫，她就殺死他；如果沒有掌握足夠證據來證明她的丈夫不忠，她就相信他，不殺死他，繼續相安無事的過日子。

在老太太宣布的第一天，如果村莊裡真的有而且只有一個男人對其妻子不忠，這個男人的妻子在聽到老太太的話之後就應該知道。因為，她會做這樣的推理：如果這個不忠的男人不是她的丈夫而是其他男人，她應該事先就知道，既然事先不知道並且老太太又說村莊裡至少有一個男人不忠，這個不忠的男人，肯定就是她的丈夫。所以，如果村莊裡只有一個男人不忠，在老太太宣布的當天，這個男人就必將會被其妻子殺死。

如果村莊裡有兩個男人不忠於其妻子，這兩個男人的妻子在老太太宣布的第一天，都不會懷疑這個不忠的男人是自己的丈夫，因為她事先就知道另外一個男人對其妻子不忠。但是，第一天過後，當她發現那個不忠的男人沒有被其妻子殺死，她就會這樣推測：有兩個男人是不忠於其妻子的，因為倘若只有一個不忠的男人，在老太太宣布的第一天，她知道的那個不忠的男人就會被他的妻子殺死。既然有兩個男人不忠，這兩個不忠男人的妻子會想，她只知道不忠男人之中的一個，另一個就是她的丈夫……

實際情況是，這個村莊裡的所有男人，都是不忠於他們各自的妻子。按照妻子以上的推理思路，可以將這個賽局繼續到第九十九天，在前九十九天之內，一百個女人都沒有懷疑自己丈夫對自己不忠，或是懷疑了但是卻沒有證據來證明他的不忠。到第一百天的時候，一百個女人都肯定的推斷出她的丈夫不忠於自己，於是，村莊裡就上演這場屠殺悲劇，所有的男人都被他們的妻子殺死。

在這個故事中，老太太沒有宣布之前，對村莊裡的女人們來說，「至少有一個（男人）是對他的妻子不忠的」是每個妻子都知道的事實，是所有女人擁有的知識，但是這個知識還不是一個公共知識。但是，為什麼老太太的宣布使得村裡的女人產生對她們丈夫的屠殺行為？這是因為，老太太的宣布使得「至少有一個（男人）是對他的妻子不忠的」這個事實，成為由一百個妻子所組成的群體裡的公共知識。於是，妻子們的推理賽局過程就開始了。妻子們理性的賽局九十九天，確定丈夫的不忠，最後都按照村莊裡的「慣例」，殺死他們。

公共知識在很大程度上影響賽局參與者的策略選擇，例如有長遠眼光的商人在開發市場上還沒有的消費品之前，都喜歡對與其相關的消費理念進行大肆宣傳，以使這種新的消費理念成為公眾的一種司空見慣的「常識」。這種「常識」（公眾的公共知識）如果形成，商人就可以無後顧之憂的收錢。其實，我們每天做出的很多決定，都是根據一些人所共知的「常識」來做出的。

師為師，生為生

每個人都有老師，而且不同階段，有不同的老師：小學有小學老師，中學有中學老師，大學有大學老師……並且在同一時期還有教授不同知識的老師，有數學老師、語文老師、化學老師……這是人人皆知的事情，沒有什麼特別的地方。我們要說的也不是指這些，而是要對「學生—教師」的知識結構做分析。經過分析，我們會發現，教育有特別的知識結構。

究竟教育有什麼樣的知識結構？眾所周知，學校的老師知道他（或她）作為老師應該知道和掌握的某些知識，學生們也知道他們的老師知道他們想學的那部分知識，同時，老師也知道學生們知道他（或她）擁有學生們想要學習的某些知識，也就是說，老師知道某些要求的知識是老師和學生之間的公共知識，同時也可以說是社會公眾的公共知識。我們用A表示作為公共知識的「老師知道某些要求的知識」。

學生們除了知道他們的老師知道他們想學習的知識以外，不知道他們的老師知道教綱要求之外的其他課外知識，學生們對這些課外知識的無知也成為公共知識。也就是說，老師知道學生對這些知識（作為老師應該知道的知識之外的其他知識）的無知，是學生、老師甚至社會的公共知識。我們用B表示作為公共知識的「學生不知道某些課外知識」。

正是因為有上述知識結構和兩個公共知識的存在，才形成我們現在所看到的老師站在講台上，「教」或「傳授」知識，學生坐在課桌前，「學」或「接受」知識。「教—學」或是「講授—接受」構成一對賽局均衡。如果沒有我們以上提到的知識構成，就不會形成「教—學」或「講授—接受」的均衡。

這樣的均衡是不是一個永久存在的均衡，何時都不會打破？當然不是。既然「教—學」均衡存在的前提是公共知識A和B的存在，我們可以這樣說，如果作為前提的知識構成被打破，「教—學」之間的均衡關係，就將被終結。

我們所說的「知識構成被打破」包含有兩種可能的情況：

第一種情況是，A不是公共知識，可能是因為老師不具備作為老師應掌握的某些知識，也可能是學生或社會不知道老師具備這些知識，即「老師知道某些要求的知識」沒有成為社會的公共知識。「教—學」的均衡就不存在，這個老師就沒有資格（也可能是有資格，但是這種資格沒有得到大家的認同）站在講台上。

第二種情況是，透過一定時間的學習，老師將學生想要學習的知識傳授給學生，學生也掌握老師講授的知識。在這種情況下，「教—學」之間的均衡，也會被打破。

在這裡值得一提的是，A和B只是「教—學」均衡形成的必要條件，而不是充分條件。

也就是說，A和B的存在，可以促成「教—學」均衡的形成，但並不能說「教—學」均衡的形成，一定是由於A和B的存在。

「老師的生日」是哪一天？

聰明的人懂得運用邏輯推理，得出某件看似複雜事情的真相。推理是人們在賽局過程中，經常運用的一種重要思維。以下我們就來講一個充滿趣味和智慧的趣味推理故事。

湯姆和傑克都是李老師的學生。有一天，李老師跟他們玩一個題目為「老師的生日是哪一天」的遊戲。遊戲的具體情節是：

李老師的生日是X月Y日，並且為下列十天中的某一天。這十天分別為：

三月四日，三月五日，三月八日；

六月四日，六月七日；

九月一日，九月五日；

十二月一日，十二月二日，十二月八日。

李老師把X值，即生日的月份告訴湯姆；把Y值，即生日的日期告訴傑克。然後，李老師問他們是否知道老師的生日是哪一天。傑克搖搖頭，說：「不知道。」傑克話音剛落，湯姆就說：「本來我不知道，現在我知道了。」傑克眼珠一轉，也說：「噢，現在我也知道了。」

答案是六月四日。你知道是怎麼回事嗎？讓我們來分析吧！

根據傑克的回答「不知道」，我們可以確定李老師的生日絕對不是六月七日，也不是十二月二日。推理過程如下：

從以上給定的十個日期中，我們可以得知，李老師生日的日期為一日、二日、四日、五日、七日、八日中的某一天。其中，一日、四日、五日、八日，在這十天中各出現兩次：即九月一日和十二月一日；三月四日和六月四日；三月五日和九月五日；三月八日和十二月八日。二日和七日只出現一次：即十二月二日，六月七日。

李老師把生日的日期告訴傑克，如果日期為二日或七日，因為二日或七日在給定的十天中只出現一次，傑克就可以立刻確定出李老師的生日為十二月二日或是六月七日。假如李老師告訴傑克的日期為一日、四日、五日、八日，傑克無法根據自己現有的資訊推知李老師的生日，因為這四個日期在給定的十天中均出現兩次。所以說，如果傑克的回答是「知道」，表示李老師的生日是十二月二日或是六月七日，他的回答是「不知道」，我們就可以排除這兩個日期。

湯姆根據傑克的回答「不知道」，而說「本來我不知道，現在我知道了」，我們可以得到，李老師的生日只會是六月四日。具體推理如下：

李老師把生日的月份告訴湯姆，也就是說他知道李老師的生日在三月、六月、九月、十二月中的某個月。但是，三月、六月、九月、十二月這四個月中，每個月都有兩個或三個可能的日期：

三月有三月四日、三月五日、三月八日三個可能的日期；

六月有六月四日、六月七日兩個可能的日期；

九月有九月一日、九月五日兩個可能的日期；

十二月有十二月一日、十二月二日、十二月八日三個可能的日期。

所以，雖然李老師把生日的月份告訴湯姆，但是因為在給定的十天中，每個月份中都有兩個或兩個以上的日子，例如李老師告訴湯姆，老師的生日在三月。三月中有三個可能的日期：三月四日、三月五日、三月八日，導致湯姆無法根據已知的生日的月份來知道李老師的生日為具體的哪一天，這也是湯姆回答的「本來我不知道」的原因。

但是，根據傑克的回答「不知道」，使湯姆排除李老師的生日為「六月七日」和「十二月二日」的可能性。此時，李老師生日的可能日期，就由原來的十個減少為八個，這八個日子分別為：

三月四日，三月五日，三月八日；

六月四日；

九月一日，九月五日；

十二月一日，十二月八日。

湯姆在聽到傑克說「不知道」之後，說「現在我知道了」可以表示：他可以確定老師生日的具體日期，即Y值。在以上四個月份中，唯有六月份，只有一個可能的日期——六月四日，其餘的月份都有兩個或三個可能的日期。

假如李老師的生日不在六月份，而在三月、九月、十二月這三個月份中的一個月，湯姆不能確定的說他知道李老師的生日，只有李老師的生日在六月份，湯姆才可以回答「現在我知道了」。所以，根據湯姆的回答「現在我知道了」就表示，李老師的生日只能在六月，也就是六月四日。

傑克在聽到湯姆說「現在我知道了」之後，也說「現在我也知道了」，表示傑克也根據上述推理過程，推算出李老師的生日是哪一天。

「李老師的生日，為下列十天中的某一天」，這個給定的條件是雙方的公共知識。X值，也就是生日的月份為湯姆的知識；Y值，即生日的日期為傑克的知識，X值和Y值不是他們的公共知識。當傑克回答「不知道」（李老師的生日是哪一天）之後，「李老師的生日不是六月七日和十二月二日」就成為他們之間的公共知識。當湯姆說「本來我不知道，現在我知道了」（李老師的生日是哪一天）之後，「六月四日是李老師的生日」就成為他們之間的公共知識。

第九章：選擇的智慧

選擇意味著放棄那些不合理的方案，同時，選擇還意味著必須接受這個選擇所將要帶來的一切結果。所以，根據亞當・斯密的「經濟人假設」理論，人在做出每個選擇之前，都會運用自己的理性思維去權衡和分析，自己將會從這個選擇中得到什麼、得到多少，同時會失去什麼、失去多少。如果得到的多，失去的少，他就有做出選擇並且付諸實施的動力，否則他就會放棄這個選擇。沒有十全十美的選擇，有時候要學會面對必要的損失。

棉花和黃金

從前，有兩個貧苦的農夫，他們靠著每日上山砍柴與賣柴，養活一家老小。有一天，在砍柴歸來的途中，他們發現兩大包棉花被放在路中央。兩人四處張望，沒有發現其他人。「就當作是天上掉下的餡餅正好砸在我們的頭上吧，棉花的價錢要高過柴火好多倍。一擔柴火的變換所得，勉強只夠維持一家人一天的生活，而若將這擔柴換成一包棉花，利潤可就大了，賣得的錢足可以讓一家人一個月衣食無憂。」兩人是這樣想的，也是這樣做的。兩個農夫當下就卸下肩上的柴火，每人用挑柴的扁擔挑了一包棉花向市集上趕去，心裡還在盤算著要不要把今天當過節，買一點豬肉回去改善伙食。

兩人一邊趕路一邊聊天，有了這個意外收穫，兩人顯得非常高興，你一句我一句就好像在開辯論會似的。走著走著，農夫甲老遠就看見前面路上放著一捆什麼東西，趕緊走上前一看，「我的媽啊！今天是怎麼了，我沒看走眼吧，這不是一捆上等的細麻布嗎？」落後兩步的農夫乙聽了同伴的話，三步併作兩步，趴到這捆東西上，想仔細看個究竟。「哎呀，可不是細麻布嗎？你沒看走眼，我看足足有十多匹之多。」

於是，農夫甲就跟農夫乙商量著，要一同放下肩上的那包棉花，改背幾匹細麻布到市集上變賣。「不要那包棉花了，一包棉花也就只夠一家老小一個月的衣食，換幾匹細麻布吧，舒服的享用半年也可以。」農夫乙卻有不同的想法，他認為自己背著這包棉花已經走了一大段路，再丟下豈不枉費自己之前的辛苦，他堅決不把棉花換成麻布。農夫甲沒有辦法，只好自己竭盡所能的用扁擔挑起部分細麻布，兩人繼續前行。

又走了一段路，背麻布的農夫甲又隱約望見前面樹林中有一些閃光，「莫不是黃金？」農夫甲也就是這麼隨心一想，隨口一說。待走進一看，還真被他言中了，地上真的是散落著數壇金光燦燦的黃金。「這下我們可真的要發大財了，老兄，你就放下那點值不了多少錢的棉花，我們每人挑兩壇黃金直接回家吧！」

他的同伴農夫乙還真是死腦筋，就是不願意丟下那包棉花以免枉費之前的辛苦，並且懷疑那些黃金不是真的。

「我說老弟，你就別異想天開，大白日的做發財夢。天下哪有這等好事啊，放著黃金等你拿！我看這黃金一定是假的，要不就是賊人的圈套。我們還是本份點，別貪得無厭了。你還是要你的細麻布，我還是挑我的棉花，趁著時間還早趕快到市集上把它們賣掉，買點肉好回家啊！」

背麻布的農夫甲見實在勸不動同伴，只好將自己肩上的細麻布放下，挑了兩壇黃金，準備到山下後逕自回家，而農夫乙則一意孤行的一定要挑著那包棉花去市集上變賣。

剛走到山腳下，真的是天有不測風雲，剛才晴朗的天立刻下起傾盆大雨，兩人又在前不著村，後不著店的空曠處，沒處躲雨渾身被淋了個透濕。淋濕衣服還不算什麼，更不幸的是，農夫乙背上的那包棉花當然也逃脫不了雨水的洗滌，吸飽了雨水，重得完全挑不動。

事已至此，還有什麼辦法？農夫乙悔恨萬千但也無計可施。不得已，只能丟下一路辛苦捨不得放棄的棉花，空著手和挑著兩壇黃金的同伴農夫甲一同回家。

這個故事可以說是小學我們學過的那篇課文《小猴子下山》的變形現代版。課文裡的小猴子是丟了桃子掰玉米，扔了玉米摘西瓜，棄了西瓜追兔子，結果是兔子逃走了，小猴子空著手回家去了。故事裡的農夫乙真的是吸取小猴子的教訓，一成不變的悉數搬來，不管身邊不斷的有對自己招手示意的機會，結果卻撈得一個和小猴子一樣的下場：空手回家。

這個「棉花和黃金」的故事是說：面對身邊的機會，不同的選擇將導致截然迥異的結果。

在人生的每個關鍵時刻，都要審慎運用你的智慧，做出最正確的選擇。因為許多成功的契機，起初未必能讓每個人都看得到深藏的潛力，而開始選擇的正確與否，卻決定了成功與失敗的分界。同時也別忘了要隨時檢查自己選擇的角度是否產生偏差，適時的加以調整，切不可像背棉花的農夫乙一樣，頑強得如同騾子一般，固執的不肯接受任何新的改變，只憑一套哲學就想度過人生所有的階段。

蘇格拉底的回答

「麥穗理論」是西方擇偶觀中的一個著名理論。這個理論的意義是：我們尋找人生另一半的過程就像走進一塊麥田，在蹚過整個麥田的途中會有許多麥穗向我們招手示意，導致我們挑花了眼，不知道哪一株才是真正適合自己的，自己應該摘取哪一株，因而就會有躊躇與徬徨，遺憾與悲傷。一般人在摘取屬於自己的麥穗之前，不管是多麼的花心，但是如果做出決定，就會認真守著自己選擇的那株麥穗度過餘生，但也不排除有少數人在今後的生活中，一換再換自己的麥穗。

「麥穗理論」來自於與古希臘哲學導師蘇格拉底有關的一個故事：

哲學大師蘇格拉底的三個弟子曾求教於老師：如何才可以找到自己理想的伴侶。蘇格拉底沒有給出正面的回答，而是帶他們三個來到了一塊麥田旁。讓他們依次穿過這塊麥田，並在穿行麥田的過程中摘取一株最大的麥穗，但是有一點必須強調一下，他們不能走回頭路，並且只能摘取一株。

第一個弟子剛在麥田中走了幾步，就看見一株明顯大於周邊同伴而且還算飽滿的麥穗，心中一陣得意，以為自己就是天底下最走運的人，就毫不猶豫的摘下了。反正時間還早，再看看吧！於是，他繼續前行。這一前行可不得了，把他氣壞了，前面竟然有許多比自己摘的那株還大的麥穗，世間要是有後悔藥就好了。可是世間有嗎？沒有。所以，他只能遺憾的走完全程。

第二個弟子吸取前面那位師兄的教訓，「一定要沉得住氣，不要輕易下手，萬不可重蹈師兄的覆轍。」他一再的這樣告誡自己。左顧右盼，東挑西揀，每當他看到一株大的麥穗要採摘時，「要三思啊，後面可能還有更好的。」師兄失敗的陰影又襲了過來，於是，他把欲摘麥穗的手又縮了回來。可他卻忽略了先人的某句警言「不要坐失機會，當時機把有頭髮的頭伸出來而沒有人去抓時，回頭它就會伸出一個禿頭來。」當他快走到麥田的田邊時才發現，前面幾個最大的麥穗已經錯過了，只好將就摘了一株。

有先下手而致失敗的前例，也有後行動但是不成功的後例，第三個弟子可以說是在心理上有了充足的借鑑，有準備的進了麥田。他是這樣考慮的：把整個麥田分成三份，在前三分之一麥田裡將麥穗分成大、中、小三類；在中間的三分之一麥田裡對前面所分的類別進行驗證；在最後的三分之一麥田裡下手，摘取屬於大類中的一株最美麗的麥穗。雖然不一定是整塊麥田中最大最金黃的那一株，但是他迫於規則的限制，自己已經盡可能的爭取到最好的結果了，因此他是滿意的走完全程的。

蘇格拉底給弟子的這個無言的回答讓人回味無窮。仔細一想，人生不正是如穿越麥田嗎？

只走一次，不能回頭。要找到最適合自己的那株麥穗，必須要有莫大的勇氣且要付出艱辛的努力。有些人下手太早，一進麥田就迫不及待的摘下了一株自認為是最飽滿、最美麗的，沾沾自喜。結果是在麥田裡走的越深，越發現別的麥穗更加的飽滿、更加的美麗，但是自己卻沒有了再摘取的機會。

有些人考慮太多，一路走，一路挑，挑來撿去，埋怨這株麥穗不夠飽滿，抱怨那株麥穗不夠漂亮，覺得大麥穗總在後面，始終沒有摘取的勇氣。走著走著，不知不覺已經到了麥田的盡頭，發現自己身邊的麥穗越來越少。最後，迫不得已，只好將就著摘一株充數（不用說，田盡頭的麥穗肯定是又瘦又小的）。事後比較就會發現，自己挑的這株是所有麥穗中最小最難看的。選擇麥穗是每個人都要經歷的一個過程。有人沒有好好把握而得到一個不盡如人意的結局；有人充分把握而覓得一個不錯的伴侶。其實選擇麥穗的原則就很簡單，不要奢望太多，試圖選擇整塊麥田中最飽滿最燦爛的那株麥穗，因為那很難做到；也不要有意識的將麥田分成幾份，然後再分門別類，層層篩選，而是會義無反顧的選擇自己第一眼就鍾情的那株麥穗。雖然它不是最大最好的，但是只要自己喜歡已足矣。其實，找到並摘取麥穗只是辛苦耕耘的開始，是漫漫長路邁出的第一步，關鍵還在於你能否在麥穗被拔起後找到一片適合它生長的土壤，並且準時澆水、除草、施肥，讓它長得更大更壯。

生活就像經濟學上所說的，任何一個問題從來都沒有最優解，而只有最滿意解，甚至是只有相對滿意解。每個人都想找到自己的白馬王子或是白雪公主，但是現實生活總是存在偏差，就像你在麥地裡摘取了一株麥穗之後，總是會發現比自己手中更大的麥穗。和我們共度一生的那個人，可能不是人群中最出眾的一個，卻是自己最喜歡的一個。

每個人都在挑選麥穗，同時，每個人也都在作為麥穗被別人挑選著。既然如此，那誰都有被挑上和被拋棄的可能，我們要怎麼做才可以挑選到好的麥穗而又保證自己不被對方拋棄？

大學公共關係老師給學生們上了一堂有趣的心靈洗禮課。

老師意味深長的對同學們說：「現在我們班上肯定有不少情侶，如果我給你（這裡是指一對情侶中的任何一方）五百塊錢，讓你分手，你同意嗎？」「當然不同意。」這是全班同學的一致回答，沒有一個人提出異議。「如果換成五千塊錢？你們肯定還是不會同意。那麼五萬塊錢，可能有人就會動搖了，但更多的同學還會選擇不要。」台下的我們想想老師說的，似乎還真是這麼回事。「那好，我現在拿出五十萬讓你分手，你會同意嗎？相信大多數人都會心動一下，也會在心裡盤算一下：我是不是該同意呢，我的那一位伴侶值這個價嗎？」台下一片騷動。「同學們請安靜，現在我拿出五百萬讓你分手，你們會怎麼選擇？」結果是大部分同學都表示同意，只有極少的幾名同學選擇不分手。

然後，老師又說：「你們想保持自己的感情不受到金錢的腐蝕嗎？」「當然想了。」同學們又恢復了之前的一致。老師也沒有賣關子，直接插入主題說：「有一個說簡單也簡單，說不簡單也不簡單的方法，就是不斷努力，提高自身的價值。當你的價值超過那五百萬的時候，對方肯定會不加考慮的選擇跟你在一起。」同學們相互點頭肯定，心靈似乎也受到一些震撼。人世間有四樣東西會一去不復返：說過的話、潑出去的水、虛度的年華和錯過的機會。愛情對於每個人來說，都是上帝賦予我們的一次選擇機會，可是當「愛情和金錢」兩者相衝突的時候，我們如何選擇才是正確的？我們之中的很多人會不屑一顧的說當然是愛情重要。是真的嗎？愛情重要，麵包就不重要了嗎？一個人有了愛情，就可以不吃不喝了嗎？

放開人自私自利的劣根性和自命清高的不切實際性，愛情和金錢的關係總結成一點，即：愛情≠金錢，這也可以說是一種麥穗理論。

沒有選擇的選擇

夏娃對亞當說：「親愛的，你愛我嗎？」

亞當嘆了一口氣：「當然了。除了你，我還有什麼選擇？」

這一段對話可反映出經濟學中的一個名詞——「霍布森的選擇」。這個名詞來自於十七世紀三〇年代英國一位叫霍布森的馬場老闆。

霍布森老闆在賣馬的時候，承諾顧客：買或是租我的馬匹，只要給出一個低廉的價格，就可以隨意挑選自己喜歡的馬匹。同時，他還有一個附加條件：顧客挑選好的馬匹必須經過他設計的一個馬圈門。可以牽出馬圈門的，此筆生意就順利成交；馬匹過不去的，這筆生意自然就算失敗。

其實，這是一個圈套。

因為他設計的那個馬圈門是一個很小的門，大馬、肥馬、好馬根本就牽不出去，而能牽出去的都是些小馬、瘦馬。很顯然，霍布森的這個附加條件實際上就等於告訴顧客：好馬不能挑選。可還是有好多人沒有意識到這一點，在馬圈裡挑來撿去，自以為撿到一個便宜，完成滿意的選擇，其實結果卻大多不盡如人意。

這種沒有選擇餘地的「挑選」，就被人們譏諷為「霍布森的選擇」，它其實就是「沒有選擇」的變相說法。在領導者的管理工作中，有很多現象與「霍布森的選擇」相類似。

例如：一個公司老闆在挑選財務部經理時，打著「公開、公平、公正」的大招牌，卻往往只將目光放在自己的社交圈子裡，選來選去，使得「霍布森選擇」的情況重新上演。

其實，公司老闆作為替公司選擇「千里馬」的「伯樂」，應跳出「馬圈」（公司內部，或是老闆的社交圈）的圈子，到「大草原」（國內、國際兩個市場）上去選真正的「千里馬」。一般的講，選取「千里馬」的「大草原」越寬廣，公司越容易選到世界級的「千里馬」。

又如，有的管理者口口聲聲的宣稱要民主，要充分聽取並採納下屬的意見，但是在對一些關乎公司命運的重大問題進行決策時，經常是下屬們還沒有開口，或是剛提出意見還沒有進行充分的研究討論，管理者自己就定調拍板了。

再如，有的上級領導者在給下屬分配任務時，嘴上說的是讓下屬們放手去幹，給他們充分的鍛練機會。但是在任務的完成過程中，領導者們卻並不放心，總是對下屬們指手畫腳，要求他們應該這樣做，不應該那樣做……如果發現有誰沒有完全按照他的思路去做，就很不高興，甚至是「不換腦就換人」。

社會心理學家指出：誰如果陷入「霍布森的選擇」的困境，誰就無法進行創造性的工作、學習和生活。道理很簡單，在「霍布森的選擇」中，人們自以為做出抉擇，而實際上其思維和選擇的範圍都是很小的。有了這種思維的限制，當然就減少了自己主觀能動性發揮的空間，也就不會產生創新。所以「霍布森的選擇」可以說就是一個陷阱，讓人們在進行偽選擇的過程中自我陶醉，進而喪失自主創新的時機和動力。

因此，我們說「霍布森的選擇」這種沒有選擇的「選擇」實際上就等於扼殺創造，是阻礙企業壯大、阻礙社會發展的主要阻力之一。我們要擦亮自己的雙眼，切勿被表象迷惑而進入別人為自己設計的「馬圈」中。

多種選擇的煩惱

「霍布森的選擇」其實就是沒有選擇可選擇。別無選擇雖然令人無奈，但卻沒有太多的顧慮，你只能這樣走下去，就像亞當只能愛夏娃一樣。太多的選擇卻往往令人眼花撩亂，雖然說有選擇比沒選擇更好，但是要從許多選擇中找到最佳選擇卻並非易事，甚至會出現「活人讓尿憋死」、「食物面前餓死」的荒唐事情。

一位名叫布利丹的法國哲學家養了一頭毛驢。還真是應了那句「近墨者黑，近朱者赤」的說法，哲學家養的毛驢就是和普通人養的不一樣，這頭毛驢特別喜歡思考，做任何一件事之前總要經過深思熟慮，連吃飯也不例外。

有一次，主人外出辦事要天黑後才趕得回來，就打破以往一頓飯放一堆草料的餵料法，而將兩堆稻草一併放在這頭毛驢面前，作為牠的中餐和晚餐。這下可把這頭愛思考的小牲口給難住了，立刻就十二點了，毛驢餓得發慌，可卻不知從何下嘴。這兩堆稻草無論從體積上來說，還是從色澤上來看，都不相上下，因而無法從客觀上分辨出誰優誰劣。這使得牠無所適從，沒有理由選擇先吃其中的一堆而後吃另外一堆。毛驢始終不知道應該先吃哪一堆才好。這頭可憐的毛驢忍著餓肚子的痛苦，站在原地不能舉步，一會兒考慮數量，一會兒考慮品質，一會兒分析顏色，一會兒分析老嫩程度，來來回回，最後竟在兩堆肥美的稻草面前活活餓死了。

布利丹毛驢的困惑也經常折磨著聰明的人類。例如：經常被人提及的一個問題：「如果有一天，你的老婆和你的母親同時掉進河裡，你會先救誰？」被問話的那個男人此時就處於一種類似於毛驢左右為難的處境之中。

就算你可以把兩個人都從河裡救出來，但這個「先」字卻是要命的，它包含有一種孰近孰遠的抉擇在裡面。

有些人會說應該先救母親，因為老婆沒了可以再娶，而親娘卻只有一個；也有些人持相反的觀點，認為應該先救老婆，因為陪伴自己度過後半生的是年輕的老婆而不是年邁的老娘，況且，即使可以再娶，但感情卻是不能被複製的，而是唯一的。

然而，就是這個讓成年男人百思不得其解的問題，竟被一個天真無邪的孩子給出了簡單而乾脆的答案：「用得著考慮太多嗎，誰距離我比較近，我就先救誰！」

不錯，也許這就叫抉擇，抓住剎那間離自己最近的東西。抉擇是不等人的，不要為了試圖奢望得到最理智、最正確、最完美的結果而猶豫不決，在剎那間你本能的認為應該的就是正確的，而且永遠都不要回頭。

又如，現在大學生和研究生的心理發病率高於一般人。為什麼？難道真的是他們自己「身在福中不知福」，自己給自己找麻煩嗎？當然不是，高發病的原因正是因為他們的學歷高，社會地位高，他們擁有比其他人更優越的現實條件。這就表示他們有廣闊的選擇空間，而可供選擇的機會越多，他們的心理掙扎越厲害，內心的矛盾衝突也越多。由此看來，他們不就是一頭被知識武裝了頭腦而被現實又沖昏了頭腦的布利丹毛驢嗎？

就拿擇業來說吧！學歷低或是沒有什麼專業技術的人，可供他們選擇的就業範圍很窄，只要有一份可以糊口的工作，他們就會很樂意的去做；而受過高等教育的大學生、研究生就不同了，他們可以從事的工作很多，自由選擇的空間很大。究竟要選擇做什麼工作？他們就開始了強烈的心理掙扎，心理疾病由此而生。

選擇是不容易的，做出選擇的過程是一個複雜的對比分析過程。以下是關於選擇的幾點原則性建議：

第一，放棄完美化的要求，從現實著手

供我們選擇的多種備選方案，可能都不是「最好的」，都需要我們做出相應努力之後才有可能變成「相對較好的」（你得不到「最好的」選擇，因為它不存在）。所以，從現實狀況著手，立刻行動才是最重要的。

第二，讓自己別無選擇，果斷下手

供我們選擇的所有方案都各有利弊，我們往往無法精確的衡量每個方案的利弊大小，一時難於做出抉擇。與其花太多的精力去作細緻的比較，不如根據自己的偏好果斷選取其一，然後集中自己有限的精力，專心致志的為之奮鬥。這可能會使我們獲得比較豐厚的回報。如果長久的處於猶豫不決的狀態，可能導致各種不良的後果。

第三，推遲大的決策，從小處著手

有些不良後果是因為當事人因掌握的資訊不充分，但又過早的做出衝動的「最終決定」而致的。例如：某男在與某女接觸不久後，便墜入情網，下了定論：她就是自己一生要找的人，於是匆忙結婚。婚後才發現她原來不是自己喜歡的類型，還有許多自己無法容忍的缺點！總結成一句話，就是「小選擇」需趁早，「大選擇」宜推後。

木秀於林，風必摧之

在市場競爭中，正常的選擇法則是擇優汰劣，但是在實際生活中，卻有一種現象是優不勝劣不汰，甚至是劣勝優汰，這就是逆向選擇。

逆向選擇最經典的例子是美國著名經濟學家喬治·阿克洛夫在一九七〇年發表的《檸檬市場：產品品質的不確定性與市場機制》中提出的「檸檬市場」的一個特例——著名的二手車市場模型。這成為他最著名的貢獻，並產生了重要影響。

何謂「檸檬市場」？在美國俚語中，「檸檬」是「瑕疵品」或「不中用產品」的意思。「檸檬市場」，又稱為次品市場，是指資訊不對稱（即在市場買賣中，產品的賣方對產品的品質擁有比買方更多的資訊）的市場，旨在說明逆向選擇導致市場的低效率，市場失靈。

「檸檬市場」的特例——二手車市場不同於新車市場（買主直接從廠家或經銷商處買車），買新車時，買主可以認牌子，認商標；廠商可以提供產品的品質保證，這就減少了有關產品品質資訊的不對稱而可能造成的損失。但是，在二手車市場裡，處於待賣中的車都是舊車，此時只看品牌來確定車的品質高低就顯得不那麼奏效了。因為舊車在以前使用過程中的磨損也是非常重要的一個方面。

在二手車市場上，買主與賣主之間對於要交易的「舊車」，存在嚴重的資訊不對稱性，賣車人比買車人知道更多有關所售汽車的品質資訊，但是賣車人不會將這些資訊完全告訴買車人。潛在的買車人當然也知道這個情形，但是他想確切的辨認出所買二手汽車品質的好壞是非常困難的，最多只能透過外觀、介紹及簡單的現場試驗等，來獲取有關此車品質的資訊。

然而，潛在買車人可以獲得的這些資訊又很難準確的判斷出此車的品質，因為舊車的真實品質只有透過日後長期的使用才可以看出，但這個有效途徑在舊車市場上是不可能實現的。所以說，二手車市場上買車人在購買汽車之前，無從得知哪輛汽車是高品質的，哪輛汽車是低品質的。

在這種情況下，買車人唯一可以有效的避免資訊不對稱所帶來的風險，就是盡量壓低汽車的購買價格。這樣一來，買車人所願意出的過低的價格就使得賣車人不願意提供高品質的汽車，進而導致高品質汽車的賣者將他們的汽車撤出二手車市場，低品質的汽車充斥著整個二手車市場。

在二手車市場上，高品質的汽車在競爭中失敗了，市場選擇低品質的汽車。這與常規的市場規律「高價格誘導出高品質，低價格導致低品質」相悖，二手車市場上出現的逆向選擇使得市場上出現價格「決定」品質的反常現象。

阿克洛夫的這個發現，影響一大批經濟學家，除了二手車市場以外，其他領域中的「檸檬市場」也相繼被發現。

例如：經濟學家史賓斯發現人才市場其實也是一個「檸檬市場」。在資訊不對稱的情況下，雇主願意開出的是較低的薪資，因此也就只有那些勞動效率比較低的、平庸的「檸檬」庸才才樂意在這裡領低薪。較低的薪金無法滿足精英人才，因為雇主所給予的薪水低於他們的市場價值。這實際上是一種沒有效率的平衡。如果資訊對稱，雇主就可以正確評價每個人的工作能力，進而提供相應的薪水，這樣每個人都願意努力工作，生產力就可以得到提高。

發展中國家的信貸市場上也存在逆向選擇。許多企業迫切需要貸款，銀行也存在大量富餘資金，本來可以說是水到渠成的事。然而，在實際的借貸市場上，供求雙方之間卻存在不容易逾越的鴻溝。除了特定體制等原因之外，「檸檬市場」的影子也隱約可辨。

對於銀行來說，其貸款的預期收益取決於貸款利率和貸款風險（借款人有可能不歸還借款），所以銀行不僅關心利率，而且關心貸款風險。

銀行提高貸款利率是不是就一定能增加銀行的預期收益？從數學驗算來看，利率提高，銀行的預期收益一定增加。但從經濟角度來考慮，結果可能正好相反，利率的提高不僅沒有增加銀行的預期收益，反而可能會降低其預期收益。

在缺乏比較完善的信用機制情況下，銀行難以把握良莠不齊的民營企業的信譽和還款能力。所有針對銀行無法辨別的類似企業制定的，對該企業的貸款利率等貸款條件會偏於嚴厲，利率的提高將使得那些低風險的、誠實經營的民營企業難以承受，因而，他們會選擇退出信貸市場，不再尋求獲取貸款；反而是經營不善或意圖騙貸的企業留在信貸市場上，進而使得銀行的貸款風險上升。接下來，呆帳壞帳的增加又會進一步打擊銀行的貸款意願，使信貸市場不斷惡化。

很顯然，正是由於貸款風險資訊在作為委託人的銀，行和作為代理人的民營企業之間分布不對稱，而導致信貸市場上逆向選擇現象的出現。解決這個問題的關鍵點還在於資訊，國有銀行對民營企業的信用情況瞭解得越多，「檸檬市場」現象越不明顯。

「檸檬市場」上所出現的這種違反常規的逆向選擇現象對經濟是十分有害的。高品質的產品供給者和高品質產品的需求者無法進行交易，雙方效用都受到損害；產品供給者提供的高價值產品得不到相應的回報，需求者以預期價格獲得的卻是較低品質的產品；低品質的企業獲得生存、發展的機會和權利，迫使高品質的企業瀕臨停產或是降低產品品質，與之「同流合汙」，「苟且偷生」……

「逆向選擇」的環境之所以形成，就是監管者失職和默許甚至放任的結果。因此，要避免這種情況的一再發生，最有效的方法就是疏通買賣雙方之間的資訊管道，使得雙方誠信交易；同時，必須加強政府部門的管理職能，清除各個領域中的「檸檬」，維持正常的市場秩序。

第十章：機率迷思

機率，又稱為概率，是用以描述某種事件在同一條件下發生的可能性大小的一個量度。

機率是生活的真正指南，但是我們對這個指南卻有太多的誤解。在聽任命運擺布之外，

我們是否還有更好的策略選擇？

「機率」可怕嗎？

很多人聽到「機率」一詞就覺得害怕，認為這個詞語高深莫測，數學化和抽象化。其實，「機率」沒有人們想像的那麼深奧。它與我們經常說的「機會」幾乎可以畫上等號，只是數學家賦予它一個比較拗口的名字。

不要忽略一個淺顯的道理：一個不瞭解二進位工作原理、不會編寫程式的人，也可以成為電腦應用高手。沒有高深的數學知識，我們也可以經由學習機率，成為生活中的策略高手。例如：古代齊國軍師孫臏沒有學過高等數學，但是不影響他透過策略來幫助田忌贏得賽馬。

機率就是用來測量事物發生可能性的一個介於〇與一之間的分數結構。機率值為〇，表示某件事情絕對不會發生；機率值為一，表示某件事情一定會發生或是已經發生。其他介於〇和一之間的分數，表示處於兩個極端之間而可能發生也可能不發生的情形。聽起來似乎有些循環論證的味道……其實就是這種情況：

必然事件——其機率值為一。

不可能事件——其機率值為〇。

或然事件——介於必然事件與不可能事件之間的事件，其機率值為〇與一之間的一個分數。

例如：向空中投擲一枚硬幣（排除硬幣直立在地面上的特殊情況），我們可以說，「這枚硬幣落下的時候，不是正面朝上，就是反面朝上」，這是一個必然事件，其機率值為一；「這枚硬幣落下的時候，不是正面朝上，也不是反面朝上」，這是一個不可能事件，其機率值為〇；這枚硬幣落下的時候，正面朝上（或是反面朝上）的事件為或然事件，其機率值為〇與一之間的一個分數。

簡單來說，機率就是隨機事件出現的可能性。何謂「隨機事件」？它是相對於確定性事件而言。在自然界和人類社會中，一些事物都是相互關連而不斷發展。根據它們是否有必然的因果聯繫，可以分成兩大類：

一類是確定性現象。這類現象是指在一定條件下，必定會導致某種確定的結果，又可以分為形式完全相反的必然事件和不可能事件。在一定條件下，肯定發生的事件叫做必然事件，例如：正常的受精雞蛋必然會孵出小雞，太陽一定會從東方升起；肯定不發生的事件叫做不可能事件，例如：一塊石頭絕對不可能孵出小雞，太陽一定不會從西方升起。

另一類是隨機現象（又稱為不確定性現象）。這類現象是指在一定條件下，多次進行同一試驗或是調查同一現象，得到的結果不完全一樣，而且無法準確預測下次所得結果的現象。

隨機現象的表現結果稱為隨機事件，例如：一個正常的受精雞蛋在特定溫度和時間下會孵出小雞，這隻小雞可能是雄性也可能是雌性，在小雞孵出之前無法確定，是一個隨機現象，孵出一隻雄性雞是一個隨機事件。

美女還是老虎？

在日常生活中的許多決策面前，決策者經常會遇到這樣的情況：沒有確切可信的資訊可以指導自己做出正確的選擇，只能依靠一些片面或是自己認知的「已知條件」，從許多備選方案中挑選其中之一。在這種情況下，我們不得不乞求於自己的運氣。但是，除了依靠天命之外，我們真的束手無策，只能坐以待斃的任憑機率的擺布嗎？

先來看一個著名的故事——《美女還是老虎》：

從前，有一個國王發現公主與一個英俊瀟灑的年輕人私訂終身，十分生氣。一怒之下，國王打算殺掉那個年輕人，以洩自己的心頭之憤，也打消公主的念頭。可是，國王經不住公主的苦苦哀求，深思熟慮之後決定網開一面，給這個年輕人一次可能活命的機會：把這個年輕人送進競技場。競技場的一端，有五扇標有一、二、三、四、五編號的完全相同的門，其中一扇門後有一隻老虎，其他四扇門後坐著一個美女，年輕人必須依次打開這五扇門。

他有一次選擇老虎在哪扇門後的機會，除了這扇他認為可能藏有老虎的門不用打開之外，剩下的四扇門都必須打開。如果年輕人猜錯而誤開有老虎的那扇門，就要和那隻老虎打架。打贏老虎，他就可以活命；打輸的結果可想而知，而且國王以自己的尊嚴保證，老虎一定會在這個年輕人的意料之外出現。

這個年輕人無法確定老虎到底在哪扇門後，從五扇門中隨機選擇一扇門，他猜對的機率只有二〇%。可是年輕人轉念一想：國王命令我依次打開這五扇門，如果我依次打開前四扇門，迎接我的都是傾國傾城的美女而不是面目猙獰的老虎，我知道老虎一定在第五扇門後，就不算是意料之外。國王以自己的尊嚴保證，老虎一定會在意料之外出現，因此不會將老虎設置在第五扇門後。

這是一個偉大的發現，使年輕人猜對的機率由二〇%上升到二五%，他當然不會就此罷休而是會乘勝追擊。舉一反三：第五扇門排除了，同樣的邏輯是不是也適用於第四扇門？如果依次打開前三扇門都沒有看到老虎，剛才又推理得出第五扇門後肯定沒有，就一定在第四扇門後，可以被我推理得出，說明又在我的意料之中。因此，國王也不會將老虎設置在第四扇門後。

同理可推，第三扇門、第二扇門、第一扇門後都不會有老虎，因為它們都在我的意料之中。最後，這個英俊瀟灑的年輕人得出的結論是：國王只是想要考驗我的智慧，其實五扇門後都沒有老虎。於是，他打開第一扇門，裡面的美女對他微微一笑。有佳人的認同，他更有信心，把手放在第二扇門的扶手上，輕輕一帶，結果真的出乎他的意料，凶猛的老虎跳出來……

故事到此為止。

只把一個懸念留給我們：他打贏那隻老虎嗎？或許他是一個打虎英雄，成功保住性命；或許他是一個手無縛雞之力的英俊小生，命喪老虎爪下。這不是我們要重點考慮的問題，我們的問題是：這個年輕人的邏輯為什麼錯了，又錯在哪裡？

很多數學家都認同這個年輕人的第一次推斷：老虎肯定不在第五扇門後。可是，如果認同這個推斷，就很難否定後面根據這個推理過程而得出的結論（第四扇門、第三扇門、第二扇門、第一扇門後都沒有老虎）也是正確的。也就是說，如果國王是說話算數的（保證老虎會在意料之外出現），就不能把老虎放在任何一扇門後，因為老虎放在任何一扇門後都在年輕人的意料之中。

問題是：如果年輕人經過推理得到這個結論（這五扇門後都沒有老虎），就可以說老虎出現在任何一扇門後，都在年輕人的意料之外。這樣看來，國王真是金口玉言，說話算數。

但是，我們也很容易推翻這個年輕人一開始就得出的結論，即使他依次打開前四扇門都沒有看到老虎，他可以根據國王所說的「老虎一定會在他的意料之外出現」就肯定老虎不在第五扇門後（因為老虎放在第五扇門後在他的意料之中）嗎？答案是否定的。因為他如果是這樣認為，老虎放在第五扇門後，豈不是成為「出人意料」？

不要簡單的以為這些只是玩文字遊戲的悖論，它其實說明一個道理：我們依據某些自己認為是正確的「已知條件」作為判斷的時候，會發現自己的直覺是多麼不可靠。我們根據經驗和常識認為「千真萬確」和「合情合理」的東西竟然是錯誤的，我們的第一反應是不相信事實證明的結論，怎麼會跟自己的推理相悖？第二反應是「事實勝於雄辯」，我們推理得出的結論一定是錯誤的，想要瞭解到底是怎麼回事。如果沒有任何機率學知識的基礎，想要瞭解也是不容易的。

你是「幸運兒」嗎？

我們每天都生活在一個由許多「不確定」事件構成的世界之中：商人當前的生意很好，但是他不知道什麼時候就又會出現類似於「禽流感」這樣的突發事件而導致破產；他現在非常愛她，但她不能肯定他愛她一輩子；參加競選的政客儘管從選舉前的情形和自身實力來看，他上台的可能性很大，但是在結果未出來之前，也不能保證他一〇〇％當選；保險公司的職員更是經常與「不確定性」打交道……正是生活之中的這許許多多個「不確定性」，才使得社會是如此的豐富多彩。

機率就是一種測量「不確定性」事件發生可能性大小的工具。一般來說，人們對機率存在三種解釋：

第一，機率為事件發生的頻率。例如：向空中拋硬幣，落到地上後出現正面（或反面）的機率，是出現正面（或反面）的次數與整體拋出硬幣的次數之比。

第二，機率為命題之間的邏輯關係。例如：「一隻貓是白色的」對「所有貓是白色的」的支持程度。

第三，機率為人們對外界某一事件發生的相信程度。例如：張三認為王五來參加此次舞會的可能性是三〇％（王五不來參加舞會的可能性是七〇％）；李四認為王五來參加此次舞會的可能性與不來參加舞會的可能性一樣，都是五〇％。

這就是人們對機率的「頻率主義」、「邏輯主義」和「心理主義」的三種解釋。它反映了人們在實際生活中對機率的三種不同用法。

以下，我們來講述一個有關機率的「頻率主義」的故事——幸運者的難題。

某電視台為了達到與觀眾互動的目的，特地舉辦一檔每個月一期的「你是幸運中的『幸運兒』嗎」遊戲節目。遊戲的參與人為主持人和一個從當月觀眾中抽出的幸運者。遊戲的規則是：在參與的這名幸運觀眾面前設置標有A、B、C的三扇緊閉的門，其中一扇門的後面有一輛汽車，另外兩扇門的後面什麼也沒有。讓幸運者挑選任何一扇門，如果他選中的那扇門後面有汽車，就是幸運中的「幸運兒」，開著汽車回家；如果他選中的那扇門後面一無所有，就是幸運中的「不幸兒」，希望而來，失望而歸，一無所得。

妮可很走運，一不小心成為某個月的幸運觀眾，和主持人一起站在三扇緊閉的門之前。看著眼前這三扇完全相同的大門，妮可猶豫了，到底選哪扇門？無從得知，只能聽憑命運決定吧，隨機選擇C門。無論C門後面有沒有汽車，可以確定的一點是，剩餘的A門和B門中肯定有一扇門後面什麼也沒有。主持人身為電視台內部的工作人員，理所當然的知道每扇門後面的價值。在妮可選擇C門的情況下，他打開沒有被妮可選擇的，也沒有放置汽車的A門。從主持人的角度來說，他的這個舉動沒有告訴妮可任何資訊。

這個時候，主持人問妮可，你還有一次改變主意的機會，要不要放棄已選擇的C門而改選未打開的B門，好使得贏得汽車的機率更大一些？

妮可無從選擇，陷入為難之中，我是否應該改變選擇？妮可此時的正確做法是改變主意，選擇緊閉著的B門，這樣一來，可以使她贏得汽車的機率從三分之一上升至三分之二。

因為，在主持人打開沒有汽車的A門之後，就明白無誤的告訴所有人一個資訊：這輛汽車不在B門後面就在C門後面，也就是主持人的這個行為，將A門後面有汽車的可能性得以排除，而將B門或是C門後面有汽車的機率增加，從剛開始時的三分之一增加到三分之二。

然而，決定妮可要不要改變主意的關鍵性問題就出來了：到底是哪扇門後面有汽車的機率增加了呢，是自己已選中的C門，還是未選中的B門？這個疑問解答了，決定也就容易做出：如果是自己已選擇的C門後面有汽車的機率增加了，就堅持自己當初的選擇，不改變主意；如果是未選中的B門後面有汽車的機率增加了，就改選B門。

仔細想想就會明白，妮可選擇C門已經是歷史事件，無論主持人做出什麼舉動，或是說出什麼提示性的語言，都不會對已經成為歷史的事件產生任何影響。也就是說，當主持人打開沒有汽車的A門時，沒有增加妮可已經選擇的C門後面有汽車的機率，即C門後面有汽車的可能性還是維持不變，仍然為三分之一，B門後面有汽車的機率變成三分之二，實際上是A門後面有汽車的機率轉移到B門上。所以，妮可此時正確的、理性的、合理的做法是改變當初的選擇，即放棄原來選擇的C門，而改選B門，以使得到汽車的機率從原來的三分之一增加到三分之二。

我們在這裡所說的「機率」是「頻率主義」解釋的實際應用。它不是當事人純粹的心理信念，而是有其客觀基礎，所以我們在對其進行分析時要全面，要有邏輯性，切勿被表象迷惑而做出錯誤的論斷。

莊家與賭徒的硬幣遊戲

「機率是生活的真正指南」是著名學者巴特勒對機率的經典總結。機率論自二十世紀初正式發展成一門學科至今，已經被廣泛運用於科學、技術、經濟、生活中的各個方面。尤其是在日常生活中，一個人懂得機率，就會大大增加他取勝的把握。因此，我們都要學習機率論，並學會用機率論的眼光去看待問題、分析問題。

在對某件事情進行機率分析的時候，我們可以列出「最好的可能」和「最壞的打算」，以幫助自己綜合考慮。對於發生機率極小的事情，在做之前一定要有失敗的心理準備；但也不是說非要等到事情成功的機率達到一〇〇%時才去做。因為在此種情況下取得的成功已經失去炫耀的資本，沒有你值得驕傲的地方。

空談如何運用機率，似乎有些「紙上談兵」的意味兒，透過故事講機率可以說是最好的掌握機率的途徑。我們還是以具體取代抽象，以「莊家與賭徒玩遊戲」這個故事來代替對機率的空空而談吧！

莊家和賭徒在玩一個賭博遊戲。莊家對賭徒說：「我向空中拋三枚硬幣，如果它們落地後全是正面或是全是反面，我都將給你十元；如果它們落地是正反不一致的情況，你就給我五元，怎麼樣？」

賭徒聽完莊家所說的規則後，在腦子裡對它進行快速的利弊分析：三枚硬幣落地必定有兩枚硬幣的情況是相同的（因為硬幣只有正、反兩面，如果有兩枚硬幣情況不同，則第三枚一定會與這兩枚硬幣之一情況相同，結果還是有兩枚硬幣的情況相同）。三枚硬幣落地有兩枚硬幣情況相同是鐵定的事實，則第三枚硬幣落地時要不與前兩枚硬幣相同，莊家贏，我付給他五元；要與前兩枚硬幣不相同，我贏，莊家付給我十元。也就是說三枚硬幣情況完全相同（賭徒贏）或情況不完全相同（莊家贏）的機率是一樣的，但莊家是以十元對我的五元來賭發生機率一樣的這個可能性事件，這顯然對我有利。

於是，賭徒很爽快的答應了，還有些佔了便宜而不好意思的對莊家說：「好吧，我玩這個遊戲。如果贏了，我請你吃一頓大餐。」

結果卻與賭徒的期望完全相反，不僅沒贏一分錢，就連自己的老本也輸得一乾二淨。怎麼回事呀？賭徒百思不得其解，是因為今天我「倒楣」而出現的特殊情況，還是由於我對這個遊戲的得失推理過程是錯誤的？因為「倒楣」而導致失利在理論上是不成立的，原因只能是第二種情況：賭徒對遊戲的得失推理過程是完全錯誤的。

三枚硬幣落地，其出現的所有可能情況有以下八種：

「正—正—正」、「正—反—反」、「正—反—正」、「正—正—反」、「反—正—正」、「反—反—反」、「反—反—正」、「反—正—反」。

由上我們可以看出，有六種情況是三枚硬幣落地時不完全相同的，而只有兩種情況是三枚硬幣完全相同的。這意味著三枚硬幣落地後，不完全相同的可能性是四分之三，完全相同的可能性是四分之一，換言之，就是遊戲每進行四次，莊家就會贏三次，賭徒要付給莊家十五（3×5＝15）元；賭徒贏的那一次，莊家付給他十元。這樣一來，每扔四次硬幣，莊家就獲利五元，如果這個遊戲反覆進行下去，莊家就有相當可觀的獲利。

在類似於這個賭博遊戲的日常生活中，如果你一味憑自己對機率的直覺行事，就有可能會輸得很慘。在比較複雜的賽局對局中，比較不容易計算機率，有時候它就會騙人，就像這個遊戲中的賭徒；有時候它還會誤導人。以「輪盤遊戲」為例，大多數玩家都相信某一獨立事件的機率會受到過去的影響。普遍認為在連續出現多次紅色後，出現黑色的機率會越來越大。可事實上，這種判斷是錯誤的，出現黑色或紅色的機率每次都是一樣的。因為球本身沒有「記憶」，它不會意識到上一次出現的是什麼顏色的球，也不會對下次出現什麼顏色的球有任何影響，其機率始終是五〇％。因此，要打好做決策的基礎，就要在機率上多下點功夫。因為機率是形成一項決策五個步驟中的關鍵一步。構成機率的五個步驟分別如下：

一、列出針對此事件可以實施的所有可能的行動方案（因為決策的本質就是從這些眾多的備選方案中選出一個最好方案）；

二、盡可能的列出上述各種可能的行動方案的可見結果；

三、盡可能的評估所有可見結果發生的可能性；

四、試著表達你對每一種可能結果的渴望或恐懼程度；

五、綜合考量列出來的所有因素，主要包括結果的好壞程度及出現的可能性大小，做出合理的決策。

第十一章：悖論困惑

悖論廣泛存在於社會生活中的各個方面，世間幾乎不存在「完美」的策略。太多的美好願望，得到的可能是意想不到甚至完全相反的結果；太多的成功規則，其尾巴上大多帶著傷人的利刺……

我們的知識體系以及我們對世界的認識，也許不是建立在「唯一正確」的思想上，在這個思想的基礎上建立的認識世界的方式，可以說是一條道路，也可以說是一個囚籠。

什麼是「悖論」？

悖論（Paradox），又稱為逆論、反論，來自希臘語para（意思是「超越」）和dox（意思是「相信」）。Paradox的含義非常豐富，從字面上說是自相矛盾而無法說清楚的荒謬理論，本來可以相信的東西不能相信，有些東西看起來不可信，但是反而是正確的。但是它並非無稽之談，在看似荒誕的理論中又蘊涵深刻的哲理，給人們多方面的啟迪。

悖論包括所有與人們的直覺和日常經驗相互矛盾的數學結論，有些像魔術中的變戲法。順著它指引的推理思路，剛開始會覺得順理成章，然後會不知不覺的陷入自相矛盾的泥潭中，就像是走上一條繁花似錦的羊腸小徑。但是，經過人們精密而創造性的思考，揭開矛盾之後，這道悖論難題又會令人回味無窮，給人們帶來全新的思維與觀念。

悖論可以分為兩大類：一類是邏輯和數學悖論，另一類是語文學悖論。前者是由邏輯和數學概念構成，後者是由命名和真假等概念構成。

悖論的表現形式通常有三種：

一、一種論斷看起來好像肯定是錯誤的，實際上卻是正確的。

二、一種論斷看起來好像肯定是正確的，實際上卻是錯誤的。

三、許多推理看起來好像無懈可擊，可是卻導致邏輯上的自相矛盾。

例如，頒發一枚勳章，勳章上寫著：禁止授勳！或是塗寫一個告示，告示的內容是：不准塗寫！還有一些自相矛盾的話語，也會構成悖論：「所有規則都有例外」、「所有知識都值得懷疑」……

隨著現代數學、邏輯學、物理學、天文學的快速發展，又有全新的悖論大量湧現，科學家們在孜孜不倦的探索，預計他們的成果將會改變我們的思維與觀念。

所有的克里特人，都是說謊者

說謊者悖論是邏輯悖論中最古老最典型的例子，它是兩千五百多年前由一個叫做埃庇米尼得斯的克里特人所提出。

傳說，古希臘的克里特島上住著一個叫做埃庇米尼得斯的年輕人。童年的一天，他到自家附近的山中玩耍，偶然誤入一個山洞。奇怪的是，他進入山洞以後，就迷迷糊糊的睡著。更離譜的是，他這一覺竟然睡了五十七年。等到他醒來的時候，發現自己竟然成為一個無所不知的學者，熟諳哲學和醫學，成為克里特島上的「先知」。

作為克里特島上的先知，埃庇米尼得斯曾經說過一句話：「所有的克里特人都是說謊者。」只是這麼一句簡單的話，就構成一個讓所有人都懷疑的悖論。

埃庇米尼得斯說的這句話，究竟是真是假？如果他說的這句話是真的，所有克里特人都是說謊者，埃庇米尼得斯也是克里特人，就不能相信他說的這句話，他必定是說假話。他是否有說謊？他說的這句話是假的嗎？如果他確實說謊，他說的這句話就是假的，表示克里特人不全是說謊者，包括是克里特人的埃庇米尼得斯，他必定是說真話。

如果他說的這句話是真的，根據這句話的內容來分析，就可以得出他說的這句話是假的。同理，如果他說的這句話是假的，根據這句話的內容來分析，又可以得出他說的這句話是真的。他說的這句話，怎麼可能既是假的又是真的？這種說法非常矛盾，誰也無法說清楚。

理性的決策要依靠邏輯推理，理性的思考也不例外。悖論就是自相矛盾的說法，在現實生活中可能是不存在的，但是卻存在於邏輯領域中，主要用來挑戰人類思考的協調性，以驗證每個螺絲是否都配對相應的螺帽。就像丹麥哲學家齊克果所說：「**悖論是思想者熱情的源泉，沒有悖論的思想者就像沒有感覺的愛人，是毫無價值的平庸之人。**」

所謂邏輯的一致性，就是無論用什麼方法都無法有效證明兩個論述處於絕對對立的情況。如果兩個論述經過分析是互相矛盾的，就不會同時為真，就像是向空中投擲一枚硬幣，絕對不會發生正反面同時出現的情況。

著名的物理學家愛因斯坦曾經協助發現量子力學的理論，但是後來發現它不夠完善，就花費很長的時間，試圖找到一個悖論以證明量子力學不具備一致性。但是愛因斯坦失敗了，量子力學到今天仍然存在。至今，尋找這個悖論的問題仍然困擾許多物理界的專家，那些聲稱沒有感到困惑的肯定不是專家。

再回到說謊者悖論，它是一個無懈可擊的不解之謎嗎？難道沒有跳出這個古典悖論的方法嗎？答案是否定的。

跳出一般人的思維途徑，離開慣常的知識結構來看待這個悖論：埃庇米尼得斯說「所有的克里特人都是說謊者」，這只能證明這句話的發出者——埃庇米尼得斯是一個說謊者，卻不能表示所有的克里特人都是說謊者，沒有誠實的克里特人存在。所以，這樣分析以後，結論就是埃庇米尼得斯在說謊，他是一個徹徹底底的說謊者。

可以運用拓展性思維跳出這個令人頭疼的悖論，確實值得表揚。但是，如果我們將說謊者悖論的描述進行修改，將「所有的克里特人都是說謊者」換成「這句話是謊言，我這個克里特人是一個騙子」，這樣變換以後，清晰的思維又變得模糊，繞回原來的困境中。因為這兩句話有自我包容的特性，這也是說謊者悖論的核心。

這樣一來，就可以解釋我們為什麼可以跳出這個古典悖論的原因：原來說謊者悖論設計得有些粗糙，使我們有漏洞可以鑽，但是沒有影響其內涵的表達。

悖論讀來有趣，也確實給許多人帶來快樂，但是經常讓科學家們感到苦惱，總是要用非常嚴肅和認真的態度對待它。因為科學是以嚴密的邏輯推理為基礎，是真實可靠的，容不得任何自相矛盾的命題或結論。但是悖論卻破壞這種嚴密性，表示一些概念和原理中還存在矛盾和不完善，有待於科學家們進一步探討和解決。事實上，現代邏輯學和集合論中的一些巨大進展，正是科學家們努力解決經典悖論問題的直接成果。

預付賭金為多少？

聖彼得堡悖論是關於不確定性和無窮決策問題中，最令人頭痛的一個悖論。許多科學家從實際出發，提出解決這個悖論的有益嘗試，例如：效用遞減理論、風險規避理論、效用上限理論、結果上限理論，但是它們沒有也無法解決這個悖論。聖彼得堡悖論的理論模型，不僅是一個機率模型，也是一個統計而「近似」的模型。實際問題延伸至無窮大的時候，就連這種「近似」也變得不可能。

聖彼得堡悖論是瑞士數學家尼古拉一世・伯努利在十八世紀初期向聖彼得堡科學院提出的一個悖論，實際上是一個你與莊家玩擲硬幣的賭博對局。悖論點就出現在賭局的期望收益無窮大，以及實際生活中賭徒參加這個賭局預付的賭金是一個常數。

你預付一定數額的賭金，才有資格參加一個與莊家玩擲硬幣的賭局。規則是這樣的：預付賭金之後，你向空中投擲一枚沒有被做過手腳的硬幣。

如果第一次擲出反面，你什麼也得不到，賭局結束；如果第一次擲出正面，莊家給你一元獎金，而且賭局繼續，你再次擲硬幣。

如果第二次擲出反面，你只能拿著第一次擲出正面所得的一元退出賭局，賭局結束；如果第二次擲出正面，莊家給你兩元（1×2＝2）獎金，賭局繼續，你接著擲硬幣。

如果第三次擲出反面，賭局結束；如果第三次擲出正面，莊家給你四元（1×2×2＝4）獎金，你接著擲硬幣。

……

以此類推，你可能運氣不好，第一次就擲出反面而退出賭局，也可能每次都擲出正面，看著獎金成倍的滾進自己的口袋。問題是：你最多願意付多少錢參加這個遊戲？換句話說，就是莊家要將參加賭局的賭金設成多少元？

你最多願意付的錢，應該等於對這個遊戲的期望值。你對這個遊戲的期望值是多少？答案是：你對這個遊戲的期望值是無限大，你願意付出無限的金錢去參加這個遊戲。也就是說，無論莊家將賭金設成多少元，你都會覺得這個遊戲始終對自己有利，哪怕傾家蕩產也會投身其中。原因如下：

因為硬幣沒有被做過手腳，所以硬幣擲出以後，不是正面就是反面，第一次擲出正面的可能性為二分之一，獲得一元獎金的可能性為二分之一。獲得兩元獎金的條件是：第一次和第二次都擲出正面，獲得兩元的可能性為四分之一。獲得四元獎金的條件是：第一次、第二次、第三次都擲出正面，獲得四元的可能性為八分之一……

假設賭徒交給莊家的預付賭金為X元，這場賭局的期望收益為：

（1×1/2）＋（2×1/4）＋（4×1/8）＋……

很顯然，這是一個無窮級數的和，進行這場賭局的期望收益為無窮大。這樣就表示，無論莊家提出的預付賭金要求有多高，賭徒在「賭博」與「不賭博」兩個策略之間的合理選擇都是前者，因為賭徒交給莊家的預付賭金是一個有限的數字，以一個有限的付出博得一個無窮的收益，當然是划算的。真的是這樣嗎？肯定不是，如果真的是這樣，開設這種賭局的莊家應該已經破產了。這個遊戲實際上就構成一個悖論。

實際對局中，根據機率，賭徒想要透過連續擲出正面而贏得巨額財富的可能性是極為渺茫的，但是失去預付賭金的可能性卻非常高。因此，在莊家提出的預付賭金的數額太高的情況下，賭徒選擇參加賭博是不明智又不合理的。

假設莊家提出的預付賭金為二十元，賭徒損失十九元的可能性為二分之一（因為根據之前所述，獲得一元獎金的機率是二分之一），損失十八元的可能性為四分之三，損失十六元的可能性為八分之七……損失四元的可能性為三十二分之三十一，真正贏錢的可能性只有三十二分之一。

聖彼得堡悖論給我們的啟示主要有兩點：

一是揭示人們思維系統的矛盾性和不完善性，勸誡我們在解決實際問題的時候，要高度重視決策理論的研究與實踐的關係，建立理論模型來自於實踐又不同於實踐的觀念，不要被理論模型矇蔽雙眼。

二是許多悖論問題可以歸為數學問題，但也是思維科學和哲學問題，我們要多角度對其進行考慮。

丹尼爾・伯努利透過對聖彼得堡悖論的分析指出，在風險和不確定條件下，個人的決策行為準則（參加賭局的結果）對於參與者的價值，並非是獲得最大期望金額值（賭博結果的金錢值），而是為了獲得最大期望效用值（參與者對某個結果的主觀嚮往度，即參與者對這個結果的心理價值）。

人們不能保證每次做出的決策都是理性的，考慮問題的出發點不同，其決策與判斷就會存在不同程度的「偏差」。因為人們在不確定條件下的決策，不是取決於客觀的決策結果，而是依據決策結果與自己對此的心理期望的差距。換言之，就是人們在做出決策的時候，總是以自己的角度或是參考標準來衡量，以此來決定採取何種決策。

邏輯的套索

邏輯這個外來詞語，其英文拼寫是Logic。現代漢語詞典對它的解釋是：思維的規律。簡單來說，邏輯就是把許多混亂無序而毫不相干的事物，按照一定規律與規則，組織排列在一起，建立一定聯繫的過程。

邏輯是所有演繹推理的基礎，我們不得不承認它是有用的，也是有趣的，但是無法保證它隨時可以讓你放心。邏輯就像牛仔手裡的套索，弄不好也會把自己套住。有時候你會發現，正是這些似乎無懈可擊而嚴密的推理和論證把自己送進死巷。到底是哪裡出現問題？是自己的推理過程有漏洞，還是邏輯本身就隱藏某種致命的缺陷？在這種情況下，我們需要引入一個對此做出解釋的新概念——悖論。

悖論就是似是而非、似非而是、自相矛盾的邏輯命題。如果承認這個命題成立，就可以推出這個命題的否定命題成立；如果承認這個命題的否定命題成立，又可以推出這個命題成立的一類命題。迄今為止，它仍然使統計專家與決策理論學者爭論不休。

想要測試自己是否聰明，是否有邏輯頭腦嗎？讓我們看看以下幾個流傳廣泛的常見悖論：

半費之訟

古希臘哲學流派中曾經有一個詭辯學派，又稱為智者派（從蘇格拉底到亞里斯多德都反對此學派，他們認為詭辯是專門討論「無事物」的，因為詭辯學派的論題總是糾纏於事物的屬性）。他們對自然哲學抱持懷疑態度，認為世界上沒有絕對不變的真理。著名哲學家普羅達哥拉斯是其代表人物，他的名言「人是衡量萬物的尺度」為我們所熟知。

普羅達哥拉斯設館收徒，教導徒弟論辯之術。徒弟學成以後，可以幫助人們打官司以養家糊口。他收徒的規矩是：徒弟入館的時候先付一半學費，另一半學費等到學成以後，在第一場辯護勝訴的時候再付，如果敗訴，不必再交另一半學費。

有一天，普羅達哥拉斯收了一個學生，名字叫做歐提勒士。歐提勒士學成以後，遲遲不為別人打官司，使得普羅達哥拉斯無法收到他的另一半學費。於是，普羅達哥拉斯準備把學生歐提勒士告上法庭。

普羅達哥拉斯是這樣想的：如果我勝訴，法官就會判歐提勒士付給我剩下的一半學費；如果我敗訴，也就是歐提勒士打贏官司，根據入館約定，歐提勒士也應該付給我另一半學費。因此，無論我贏還是輸，歐提勒士都應該付給我剩下的那一半學費。

他的學生歐提勒士是長江後浪推前浪，青出於藍而勝於藍。他是這樣認為的：如果我贏了官司，就說明對方的要求是不合理的，按照判決我不應該付另一半學費；如果我輸了官司，根據入館約定，我也不必付另一半學費。總之，無論我贏還是輸，我都不應該付另一半學費。

一場官司不可能原告和被告雙方都贏。這就是著名的「半費之訟」。他們誰的說法有道理？他們雙方都默認「入館約定」和「法院判決」，可以同時而且等效的來解決他們的糾紛。從邏輯上化解他們矛盾的唯一方法，就是選擇其中的一個根據進行最終裁決。

鱷魚悖論

一位年輕的媽媽，帶著她不滿五歲的兒子到河邊洗衣服。就在媽媽專心洗衣服的時候，一條鱷魚偷偷的游近她們母子倆，從媽媽身邊抓走了兒子。媽媽十分後悔沒看好孩子，淚流滿面央求鱷魚把孩子還給她。

鱷魚也是一窩小鱷魚的媽媽，牠也理解母親失去孩子的痛苦，但眼睜睜的看著到手的食物再飛掉，又心有不甘，就不情願的對小孩媽媽說：「剛好我也是媽媽，這樣吧，你回答我一個問題。如果你答對了，我就把孩子毫髮無損的還給你；要是你答錯了，那就不要怪我不客氣了。聽好了，問題是：我會不會吃掉你的孩子？」鱷魚想的是媽媽那麼想抱回孩子，肯定會給我戴個高帽子，恭維我說「你不會吃掉我的孩子」。那樣，就別怪我不給你機會了，我就可以心安理得的飽餐一頓。

誰知，這個媽媽是那麼的冷靜，稍微思索片刻，回答：「你會吃掉我的孩子。」

鱷魚傻住了，牠該怎麼辦？「如果我吃掉她的孩子，她就說對了，按照之前我的承諾，我不該吃掉她的孩子，而應該把孩子毫髮無損的還給她；要是我不吃掉她的孩子，她又說錯了，我應該吃掉她的孩子。無論我做出什麼選擇，怎麼都與我的承諾互相矛盾啊！」吃→不吃→吃→不吃……可憐的鱷魚陷入了神秘的怪圈之中，無法從中擺脫出來而不違反自己的允諾。

趁鱷魚發呆的機會，媽媽趕緊抱起孩子跑掉了。

絞刑悖論

這個悖論與以上的鱷魚悖論的邏輯同構，它出自於西班牙小說家塞凡提斯的《唐吉訶德》，書中記載一個故事：

唐吉訶德的僕人跑到一個小島上，成為這個島的國王。他上任以後，頒布一條奇怪的法律：每個異鄉人到達這個小島時，都要回答一個問題：「你來這裡做什麼？」如果他答對了，就一切好辦，還允許他在島上遊玩；要是他答錯了，他就要被絞死。

對於任何一個到這島上的異鄉人來說，只有兩種選擇：或是盡興的玩，或是被島上的本土人絞死。試想，還有人會冒著被絞死的危險來這島上玩嗎？還真有不怕死的「亡命徒」。

有一天，一個人大搖大擺的走進這個島上，他照例被島上的人問了這個問題。這個人沒有任何恐懼，一字一句的對問話人說：「我來這裡，是為了被絞死。」

問話人像鱷魚一樣傻了：如果把他絞死，他的回答就是對的，既然他答對了，就不該被絞死，而應該讓他在島上遊玩；可是如果讓他在島上遊玩，他的回答就錯了，又應該把他絞死。

無論怎麼執行，國王規定的法律都會受到破壞。

為了做出決斷，這個人被送到國王那裡。國王思索再三，最後決定還是把他放了，並且宣布這條法律作廢。

理髮師悖論

著名的理髮師悖論是英國著名的哲學家、數學家柏特蘭·羅素提出的。他提出這個悖論，是為了說明數學中的集合問題。其大意如下：

某村裡只有一個理髮師，自誇無人可比，譽滿全村。他的廣告招牌也打得別具一格：「本人理髮技藝高超，刮臉對象嚴格，只給村裡所有不自己刮臉的男人刮臉，熱誠歡迎各位光臨！」不知是他的招牌打得特別，還是因為他的技術確實高超，來找他刮臉的人絡繹不絕。可是有一天，理髮師看著鏡子裡自己臉上長長的鬍子迷惑了：誰給我刮臉？

如果他自己給自己刮臉，他本人就屬於給自己刮臉的那類人，這與自己的招牌「只給村裡所有不自己刮臉的男人刮臉」互相違反，因此他不能自己給自己刮臉。

如果讓另外一個人來給他刮臉，他就屬於不自己刮臉的男人，按照他的招牌上所說的，這類人的臉應該由他刮啊！所以，其他人不能給他刮臉，只能自己給自己刮臉。看來，沒有任何人能給這位理髮師刮臉了！

在理髮師悖論的所有翻版中，核心問題就是，考慮一個由一切不是它本身的元素的集合組成的集合，這個集合是它本身的元素嗎？例如，所有不是桃子的東西的集合，這個集合本身就不是桃子，所以它必然是此集合自身的元素。所以，無論你怎麼回答，都自相矛盾。

看完上述幾個悖論故事，你的邏輯思維也陷入兩難的境地了吧？你很有可能會不到黃河心不死，還會為自己這樣爭辯：這些都是謬論，是編造出來的，在現實生活中根本就不可能發生。鱷魚不會跟你講道理，任何一個國家也不可能會制定出這麼古怪的法律……你的辯論也不是沒有道理，我們確實不太可能會被這些悖論所困擾。但是，對悖論的研究不是沒有意義的，正是它的神秘性才使得無數高明的哲學家與數學家為之絞盡腦汁，並且引發他們長期艱難而深入的思考，極大的促進人類思想的深化發展。

換還是不換？

中國諺語「這山望著那山高」和西方俗話「鄰居的草坪總是比較綠」，說的都是人的一種心理，在賽局論中，就有一些關於人類心理的悖論。

大家都知道，賭博是一個「零和賽局」，其必然的結果就是一方所得為另一方所失。存不存在一種看起來對雙方似乎都有利的賭博對局？如果不存在，又如何解釋以下這個故事中出現的問題？

現在有兩個人，「阿里」和「巴巴」正在花園裡一邊共進晚餐，一邊神采奕奕的討論關於精靈的神話傳說。正好有一個精靈路過此地，被他們的談話所吸引和感動。他沒想到在當今這個物欲橫流的「拜金主義」社會，還有人這樣仰慕和理解他們。於是，精靈決定給他們一些獎賞。他把一筆錢分成三份，將其中一份放入一個信封，剩餘的兩份放入另一個信封，然後隨機把它們分給「阿里」和「巴巴」。精靈告訴「阿里」和「巴巴」，其中一個信封裡裝的錢是另一個信封裡的兩倍，但是沒有說哪個信封裡的錢多。他說完話以後，就消失得無影無蹤。

在精靈消失後，「阿里」和「巴巴」拆開屬於自己的信封，知道自己拿到的那筆錢的數目，但是他們不知道對方信封裡裝著多少錢，自己拿到的到底是多的那份還是少的那份。請問：在這種情況下，他們是否願意互換信封？

「阿里」心想：精靈分給「巴巴」的信封裡裝的錢，要麼是我的二分之一，要麼是我的二倍。如果是前者，我跟他交換以後，將會遭受一半的損失；如果是後者，我跟他交換以後，將會增加一倍的收益。一倍的收益當然要大於一半的損失，所以我應該冒這個險，提出跟他交換信封，並且「阿里」還從機率上分析與「巴巴」交換信封後，他贏得一倍金額的機率和損失一半金額的機率都是五〇％。因為他目睹精靈分錢的全部過程，他是先把錢裝好，密封之後，隨機分給他們。也就是說，這是一個對等賭局，兩人拿到錢多的信封的機率是一樣的。

我們假設「阿里」分得的信封裡裝的是一百元，「巴巴」的信封裡裝的不是五十元就是兩百元。「阿里」跟「巴巴」交換後，他不是得到五十元就是得到兩百元，在對等的情況下，他的交換收益比交換損失要多五十元。根據決策原理，「阿里」選擇與「巴巴」交換信封是合理的。

「巴巴」以同樣的方式思考後，也認為跟「阿里」交換信封對自己也是有利的。於是，當「阿里」提出要與他交換信封時，「巴巴」立刻欣然允諾。

問題就出來了：既然沒有人願意打一個必輸的賭，交換信封為什麼卻是雙方自願的？畢竟這是一個「零和賽局」，「阿里」所得即為「巴巴」所失，信封裡的錢的總數額不可能因為他們交換一下就會變多，交換信封不可能使他們的結果都得到改善。既然不能雙贏，就一定有人是錯的。但這兩人不都是經過縝密的邏輯思考了嗎？是誰的推理過程出錯了？又錯在哪裡了？

在這場對局中，「阿里」和「巴巴」都認為自己會贏，雖然在邏輯上站得住腳，但是實際情況卻並非如此，這就是悖論所在。當事人此時的理性選擇是：不該交換。這個結論確實缺乏理論依據，不令人滿意，但是在理智的盡頭，能幫助我們，使我們得到解脫的只有「知足常樂」之類的情感和直覺。人們往往都是這樣，眼前擁有的東西總是不讓人滿意，但是知道「適可而止」總不是壞事。

無獨有偶，在密克羅尼西亞也有一個與上述故事結果一樣令人迷茫的笑話。一個有錢人搭乘快艇到太平洋的一個小島上遊玩，島上的居民對他說：「你們有錢人真好，可以去度假，真羨慕你們！」

這個有錢人卻搖搖頭，回答：「別拿我開玩笑了，你們才讓我羨慕呢！我平時都努力工作賺錢，好不容易放假才可以來島上遊玩一次，哪像你們呀，就住在這裡，隨時都在享受生活啊！」應該是誰羨慕誰？

第十二章：成本與收益

所有人都在追求勝利，但不是所有勝利都是值得去追求的。所以，在做是否要爭取某個勝利的決策之前，你必須經過仔細的「成本—收益」估算：如果收益大於成本，就放手去做；如果收益與成本相抵，甚至是收益小於成本，就不要做這種「吃力不討好」的事情。

成本是什麼？

我們經常會談到成本，但究竟什麼是成本？經濟學家給出的定義是：為了得到某種東西而必須放棄的東西。先來看一個笑話：

農場上一隻母豬與一隻母雞在談慈善。母豬把無可奈何的豬臉一揚，嘆口氣說：「我多想有一個方法能幫助那些沒有飯吃的窮人吃上飯，但我是心有餘而力不足啊！」母雞兩隻雞眼骨碌一轉，湊到豬耳朵旁神秘的說：「這有何難，我來成全你，我們可以合作，各貢獻自己的一部分，做一個火腿蛋來給他們吃。」母豬聽後，直搖頭的說：「你太狡猾了，你只拿出了自己一個副產品，而我卻要少一條腿。用我一條腿來換取窮人一頓飯，太不划算了。」

我們所做的任何選擇，都不可避免的要為之付出代價，這個代價就是經濟學中所說的「成本」。因為成本的構成非常複雜，種類也是多種多樣的，所以我們不能簡單的說「成本」就是指「花了多少錢」。

例如：你星期日去看了一場電影，看這場電影的成本就並不單單指買這張電影票花了多少錢（在經濟學裡被稱為「會計成本」），它還包括你去電影院的車費以及為了看這場電影而花掉的時間。這還沒有結束，因為你利用星期日去看電影，就表示你將不能再用這段時間去做別的事情，例如走親訪友，洗衣服，或是讀一本書等，這都是你看這場電影所含的成本。這些被替代的可能性成本在經濟學領域裡被稱為「機會成本」（機會成本是指作為一項決策時，在若干備選方案中，選定某一方案而放棄其他方案所喪失的潛在收益）。

成本除了構成複雜、種類多樣外，有時候也是讓人看不太清楚的，因為它可能不是一次性支付的，而是一項漫長的「分期付款」。舉例說明，你買一件衣服，根據衣服品質與價錢進行對比，你立刻就可得出買它划不划算。可是結婚就不一樣了，也許新婚時，你覺得他（她）是如此的完美，值得你付出一切，可是共同生活了一段時間後，你便發現了他（她）的許多缺點，認為不值得你對他（她）付出如此高昂的代價。但是為了這場婚姻，你已經投入太多的成本——有形的如財產，無形的有青春年華、感情……這個時候，你又該何去何從？

這就涉及一個新概念：沉沒成本。通俗的說，沉沒成本就是指已經付出了，而且無論如何也收不回來的成本。還是以上述那個看電影為例，你花兩百元買了電影票，也花了相應的時間和「機會成本」去電影院看電影，可是到了影院門口，你發現口袋裡的電影票不翼而飛了，你又該怎麼辦？

此時，你的心理就開始猶豫了：看這場電影花掉兩百元還算值得，要是花掉四百元（因為丟了電影票，所以要看成這場電影就要再花兩百元買一張票）實在是不划算，還是自認倒楣，快快而歸吧！

如果真的是這樣，你就陷入「沉沒成本」的圈套中。既然你開始願意花掉兩百元去看這場電影，那就說明你認為進行這筆交易對你而言是划算的，所以你就應該走出丟掉的那兩百元的陰影（因為無論你看不看電影，這兩百元損失已經是不可挽回的「沉沒成本」了），再花兩白元買一張電影票去看電影。如果你還背著這個「沉沒成本」不放，不再買票而選擇回家，你的損失會更大：去電影院來回的車費以及為看電影而花費的時間都將計入你的損失之中。權衡一下，還是再買票去看電影吧！

越陷越深的沼澤陷阱

一張既不具有由於錯版而導致的意外收藏價值，也不具有特殊的歷史紀念意義的普通的一美元鈔票，竟然可以拍賣出大於一美元的價格，誰會相信？但事實確實如此。

這裡講述的是由美國著名賽局論專家馬丁·舒比克於一九七一年設計的經典的「一美元拍賣」遊戲。舒比克稱這個遊戲是「極為簡單、極有娛樂性和啟發性的」。在這個遊戲裡，如果你對成本沒有清楚的認識，就極有可能進入設計者設計的「騎虎難下」的圈套之中：開始你參加競價是為了獲得利潤，但是隨著競價的一步步展開，發現你已經為此而付出極大的代價，眼看就進入到一個得不償失的階段，但還是看不到勝利的曙光。遊戲逐漸演變成你如何避免損失了。這個時候，你應該選擇懸崖勒馬，及早脫身呢，還是應該「堅持到最後一分鐘」？

在某個大型的拍賣場，拍賣師舉起一張一美元鈔票，請大家輪流給這張鈔票開價，並且設定十美分起拍，以五美分作為每次叫價的增幅單位，出價最高者得到這張一美元鈔票，但與一般拍賣規則所不同的是，除了出價最高者按價付錢得到拍賣品（這張一美元鈔票）之外，次高者也要向拍賣人無償的支付與出價數目相符的費用，儘管他什麼也沒得到。

這樣別開生面的美元拍賣，引起大家的興趣。但是，如果你沒有想得更遠，就很容易上當。一開始你可能會想：只要我的出價低於一美元，我就賺了，我最高出到九五美分就可以。

事實果真如你所想的這樣容易把握嗎？並非如此。

隨著拍賣價格的慢慢提升，大多數人都已經退出競拍，拍賣場上只剩下湯姆和彼得兩個人還在繼續角逐。假定目前湯姆的最高叫價是八五美分，而彼得的叫價是八〇美分。如果此時彼得停止叫價，則湯姆鐵定淨賺十五美分，而彼得毫無疑問要損失八〇美分。彼得百分之百不會就此罷手，而是會追加競價，叫出九〇美分。湯姆當然也懂得這個道理，也會同彼得一樣選擇繼續加價。「一〇〇美分」迫於湯姆的「九五美分」的叫價，彼得立刻做出回應。只見湯姆也未就此示弱，毫不猶豫的喊出「一〇五美分」。彼得咬咬牙，叫出「二〇五美分」的高價，湯姆盤算半晌，無可奈何的退出競價。

「一美元拍賣」的最終結果是彼得以二〇五美分的最高價贏得那張一美元（一〇〇美分）鈔票，淨虧損一〇五（205－100＝105）美分；而次高者湯姆按照拍賣規則，無償支付給拍賣人一〇五美分，淨損失也是一〇五美分。拍賣人共得到三一〇（205＋105＝310）美分，抵消作為拍賣品的一美元，淨賺二一〇（310－100＝210）美分。

你也許會發出一個疑問，就是當彼得叫出一〇〇美分時，為什麼湯姆明知道再叫下去註定是虧損的，卻還要叫出一〇五美分？這就是舒比克設計的這個拍賣的特色，次高者也要向拍賣人無償的支付與出價數目相符的費用。如果湯姆不繼續叫出一〇五美分，選擇退出，一美元鈔票歸彼得，湯姆作為次高者什麼也得不到，但卻要付出九五美分的代價，而叫出一〇五美分時，如果彼得不再加價了，他就可以獲得一美元鈔票，則淨損失只有五美分。

你肯定又要問，彼得為什麼沒有按照常理叫出一一〇美分，而是叫出二〇五美分？因為彼得已經明白他們都掉入了陷阱，如果兩人繼續叫價下去，他的損失可能更大，所以被迫決定付出一個沉重代價來結束這場賽局，進而避免更大的損失。為什麼他不選擇二〇〇美分或是二一〇美分而單單要選中二〇五美分？因為在這個價格上，雙方的損失是一樣的。

彼得作為最高者付出二〇五美分得到一美元，淨損失為一〇五美分；湯姆作為次高者付出一〇五美分什麼也得不到，淨損失也是一〇五美分，如果湯姆不理智繼續叫價，則他至少要叫二一〇美分，以二一〇美分獲得一美元鈔票，淨虧損一一〇美分，顯然，他會選擇退出。

這個遊戲或是賽局有一個均衡，就是一個競投者第一次就叫出「一〇〇美分」的競標價，而且沒有人去惡作劇的再追加叫價，拍賣即告終止。因為當一個競投者叫出一〇〇美分的價格後，另一方（當然是經濟學意義上的理性人）會發現，如果他選擇「叫價」，加價叫出更高的價，無論最後他是否得到該拍賣品，他的收益都是負的，而選擇「不叫價」，則他的收益為〇（得不到作為拍賣品的一美元，同時自己也沒有損失）。所以，他的理性選擇應該是「不叫價」。讓出價一〇〇美分的第一個競投者得到一美元。

現實生活中，就有不少人正在為「一美元拍賣」認真的叫價，其目的就是要博取可能屬於自己的區區「一美元」。例如：有些學生為了獲得碩士、博士的入學資格，耗費大量時間與金錢，歷經多次仍然名落孫山，但仍然死守不放，有一股不達目的誓不罷休的決心在裡面，卻全然不顧從自己身邊溜走的好的就業機會。

期望效用最大化

我們對所選策略導致的結果未知時，通常會用到屬於風險決策理論之一的期望效用最大化理論。這個理論提出，人們總是根據風險決策的期望值大小來選擇給他帶來的期望效用最大的備選方案。期望值等於該備選方案發生的機率與其帶來的效用（收益）的乘積。

舉一個例子來說，A代表有三〇％的可能性獲得兩千元，B代表有八〇％的可能性獲得一千元。這兩個選擇的期望值分別是：

三〇％×二〇〇〇＝六〇〇；

八〇％×一〇〇〇＝八〇〇。

根據期望效用最大化理論，六〇〇小於八〇〇，所以我們應該選擇B。

如果你還是沒有理解，也不要著急，我們用一個小寓言故事來具體的說明什麼是期望效用最大化理論。相信看完這則故事，你就會茅塞頓開：「噢，原來是這麼回事啊」。

一天，漁夫像往常一樣，坐在海邊耐心的等著魚兒上鉤。突然水面有了動靜，漁夫迅速的提起漁竿，一看戰利品，失望了，魚鉤上吊著一條小得幾乎看不見的小魚。

「小的也比沒有強吧！」漁夫一邊想著，一邊把魚從鉤上弄下來。可是，奇怪的事情發生了，這條小魚有特異功能：會說人話。小魚搖搖尾巴，扮著一副可憐相，細聲對漁夫說：「我太小了，身上也沒有多少肉。你把我放了吧，等我長大了，你再抓我吃掉，不是更划算嗎？」

漁夫看著這條會說話的魚，一點也不吃驚，上下打量牠一下：「是啊，你確實太小了，你說的話也很有道理。但是我還是不能放了你。真的放了你，我就是世界上第一號大傻瓜。放了你之後，我怎麼可以再抓住你？」

結果是，漁夫沒有把小魚放掉，而是把它丟進深深的魚桶裡。

漁夫的做法就是遵從期望效用最大化理論。當時，漁夫對於小魚的請求，面臨兩個決策：「不放走小魚」或是「放走小魚」。但是，這兩種選擇的效用卻是不一樣的：如果選擇「不放走小魚」，其收益是確定的，並且現在就可以立刻得到，就是魚鉤上的這條小魚。

如果選擇「放走小魚」，其未來收益就是不確定的（或是一無所得，或是幾天以後再捕獲長大後的小魚），他的期望收益是「長大的小魚與獲得它的可能性的乘積」，而漁夫再次捕獲長大後的小魚的可能性幾乎為○，也就是說，漁夫如果選擇「放走小魚」，他的期望收益也就近乎等於○。

小魚誘惑漁夫放走它，對於漁夫來說，放長線釣大魚，放棄眼前的小魚，而換取未來的大魚是划算的。但是，如果獲得未來的大魚具有極大的不確定性，放棄到手的小魚則是愚蠢的。漁夫選擇「不放走小魚」的決策是合理的、明智的。

不能取勝，就應該謀和

在實際生活中的許多比賽，都是「零和」性質的：一方贏，另一方輸，而且一方贏（或是「得」）多少，另一方就要輸（或是「失」）多少，將勝負雙方的「得」與「失」相加，總數為零。但是，隨著全球經濟一體化過程的加快，各種公正、公平競爭規則的進一步貫徹，和市場秩序的越來越規範，那種「你死我活」的「絕殺」式的競爭行為，正在逐步退出歷史舞台，從「地球上抹掉敵人」的情況少之又少，「零和」觀念正在逐漸被「雙贏」觀念所取代。

毫無疑問，處於吃掉一方的「零和」對局中的時候，任何一方都希望取勝，但是在取勝無望之時，千萬不要持著「寧為玉碎，不為瓦全」的想法，硬著頭皮撐下去。「我得不到，你也休想得到」，最終使對局變成兩敗俱傷的「負和」局面。要退一步想問題，既然難以「畢其功於一役」，我們就應該把目光放長遠一些，爭取到「和局」也不錯啊，至少比自己輸掉要強好多吧！

人與人之間的社會人際關係就是一種特殊的對局。如果想讓自己的人際關係向健康的方向發展，就要採取非對抗的方式，秉持著合作的態度，使交際呈互利互惠的「正和」對局。

賽局論告訴我們：當人們必須長期共處時，適當妥協往往是最明智的選擇。「妥協」是指雙方或多方在某種條件之下達成的共識，是用讓步的方法避免發生衝突或爭執。它不是解決問題的最好方法，但卻是在沒有更好的方法出現之前的最好選擇。原因有如下幾點：

第一，適當妥協可以避免人力、物力、時間等「資源」的繼續投入。也許你會認為「妥協」是「弱者」的專利，因為「弱」，所以「資源」有限，後勤物資無法保證前線與「強者」的持續抗衡。「強者」是不需要妥協的，因為他「資源」豐富，承擔得起與對手打「持久戰」帶來的消耗。你肯定還沒有讀過「皮洛斯的勝利」的故事，相信讀過之後你就不會發此定論。「弱者」以飛蛾撲火之勢咬住你的時候，縱然「強者」最後還是會取勝，但也是損失不少的「慘勝」，再來幾次這樣的「勝利」，恐怕「強者」也要淪為「弱者」隊伍中的一員了，所以「強者」在某種狀況下也是需要做出適當「妥協」的。這不是為了道德正義，而是為了避免逼虎傷人，是有利害權衡的。這樣做，就給對方也給自己一個喘息的機會。

第二，可以藉「妥協」之便，扭轉對己方的劣勢。對方提出「妥協」的時候，表示他有力不從心之處，可能是戰爭物資缺乏，或是人員兵力不足，他需要暫時的透氣；還有一種可能就是他有放棄這場「戰爭」的打算。如果是我方提出「妥協」，而對方也十分樂意接受，並對你提出的條件沒有異議，就表示他有心終止這場「戰爭」，否則他是不會放棄唾手可得的勝利果實的。不論是哪方提出「妥協」，都可能會創造一段「和平」的時間和空間，而你就可以充分利用這段時間來引導戰爭形勢向有利於自己的一方轉變。

第三，可以維持自己最起碼的「存在」。如果你屬於對局雙方中的弱勢一方，此時如果你主動提出「妥協」，就極有可能要付出相當大的代價，作為與對方談「妥協」的資本。在這種情況下，你就要有不惜玉石俱焚的決心，相信對方會接受你的條件。因為在這種情況下，你如果不提出「妥協」，就有可能被對方徹底消滅。

「妥協」的代價雖然大，但卻換得自己的「存在」。「留得青山在，不怕沒柴燒」，「存在」是一切的根本，沒有存在就談不上未來。也許作為與對方「妥協」的損失，對你來說，是極不公平的，甚至是讓你感到委屈或屈辱的，但是「不吃苦中苦，難為人上人」，用屈辱換得存在，換得有朝一日你重新翻盤的希望，也是值得的。畢竟人要生存，靠的是理性進退，而不是意氣用事。

「妥協」不是一般人所認為的屈服、軟弱的「投降」動作，而是非常務實的、可以通權達變的智慧之舉，是現代社會關係中的一種可以改變現狀、轉危為安的重要謀略。一個不知進退的人，早晚會在盲目前進中碰壁，嘗到失敗的苦果。

富能量 06

GAME THEORY

賽局理論

作者	徐文
美術構成	騾賴耙工作室
封面設計	斐類設計工作室
發行人	羅清維
企劃執行	張緯倫、林義傑
責任行政	陳淑貞
企劃出版	海鷹文化
出版登記	行政院新聞局局版北市業字第780號
發行部	台北市信義區林口街54-4號1樓
電話	02-2727-3008
傳真	02-2727-0603
E-mail	seadove.book@msa.hinet.net
總經銷	知遠文化事業有限公司
地址	新北市深坑區北深路三段155巷25號5樓
電話	02-2664-8800
傳真	02-2664-8801
網址	www.booknews.com.tw
香港總經銷	和平圖書有限公司
地址	香港柴灣嘉業街12號百樂門大廈17樓
電話	（852）2804-6687
傳真	（852）2804-6409
CVS總代理	美璟文化有限公司
電話	02-2723-9968
E-mail	net@uth.com.tw
出版日期	2021年10月01日　二版一刷
	2022年06月10日　二版五刷
定價	360元
郵政劃撥	18989626　戶名：海鴿文化出版圖書有限公司

國家圖書館出版品預行編目（CIP）資料

賽局理論：每個人都在想著怎麼贏你 ／ 徐文作 ；
-- 二版. -- 臺北市 ： 海鴿文化，2021.06
面 ； 公分. --（富能量；06）
ISBN 978-986-392-378-7（平裝）

1. 博奕論

519.3　　110006912